MICHAEL BLATE
HEILKRÄUTER ALS MEDIZIN

DIE KRAFT DER NATUR

HEILKRÄUTER ALS MEDIZIN

MICHAEL BLATE

Edition DIE KRAFT DER NATUR

Den Angehörigen des G-Jo Instituts und für Dawna — eine auf ihre eigene, einzigartige Weise Lehrerin und darüber hinaus schrecklich nette Dame.

»Der Körper ist ein Haus, das dir zur Miete überlassen wurde; der Eigentümer ist Gott. Lebe darin, solange er will, sei ihm dankbar, und zahle ihm die Miete des Glaubens und der Hingabe.«
Sri Sathya Sai Baba

Erschienen in der Edition DIE KRAFT DER NATUR
in der XENOS Verlagsgesellschaft mbH, Hamburg

Umschlaggestaltung
Klingenberg Werbeagentur GmbH, Hamburg
Aus dem Amerikanischen von Ana-Maria Schulz
Produktion Karl-Heinz Möller
Printed in Hungary

Inhalt

Danksagung
Der Autor möchte den vielen Angehörigen und Freunden des G-Jo Instituts seinen aufrichtigen Dank für ihre Hilfe und Unterstützung aussprechen. Sein besonderer Dank gilt:

Laurie Blate
Al Fon
Andrea Holly Gold
Dick Knierim
Sandy Pasquale
Diane Ruby
Barbara Sisson
Jimmy Sullivan
Sharon Tufaro
Gail Watson
Peggy Wells

Was ist das G-Jo Institut?

Das G-Jo Institut ist eine gemeinnützige Forschungs- und Bildungsorganisation für natürliche Gesundheit. Es organisierte sich 1976 informell und wurde 1982 als Körperschaft anerkannt. Sein Ziel ist die Entwicklung und Verbreitung von Methoden, ohne Drogen ein »gesundes Selbst« zu erhalten.

Ji-Jiu (die deutsche Ausdrucksweise für G-Jo) ist eine vereinfachte Form von Akupunktur ohne Nadeln (oder Akupressur). Das Beschäftigungsspektrum des G-Jo Instituts ist jedoch weit über seinen ursprünglichen Zweck, nämlich den Austausch von einfachen Akupressurtechniken, hinausgewachsen.

Wir glauben, daß es die Körper-Seele ist — und *nur* die Körper-Seele, die sich selbst heilt. Darum wenden wir uns jetzt dem *gesamten* Bereich zu, wie man die angeborenen Selbstheilungsmechanismen im Körper stimulieren kann, indem man einfache, aber wirksame, selbst anzuwendende Methoden benutzt, die aus allen Teilen der Welt zusammengetragen wurden.

Einleitung

Fast jedes bewohnbare Gebiet der Erde hat seine eigenen medizinischen Kräuter und Pflanzen mit »breitem Wirkungsspektrum«. Diese wurden schon in den Zeiten vor der Geschichtsschreibung zur Heilung und Vorbeugung von Krankheiten eingesetzt.

Die Kunde von den Kräutern und ihrem medizinischen Gebrauch — Phytotherapie genannt — hat durch die Jahrhunderte hindurch viele Individuen ein Leben lang beschäftigt. Verständlicherweise kann ein so kleines Buch wie dieses daher nicht annähernd alles, was man über irgendwelche therapeutischen Pflanzen, Bäume oder Früchte weiß, aufführen.

Vielmehr soll dieses Werk eine elementare, praktische Nachschlagefibel darstellen, deren Information in Verbindung mit anderen Selbstheilungspublikationen verwendet werden sollte.

Gute Gesundheit ist eine vielschichtige Angelegenheit. Eine kluge Person, die sich dieser Tatsache bewußt ist, benutzt daher jedes und jegliches ihr zur Verfügung stehende Mittel, um diesen Zustand wiederherzustellen und zu erhalten. Gesund zu sein ist ein nie endendes Abenteuer, aber eines, das ständige Wachsamkeit verlangt. Es gab im Laufe der Geschichte keinen Selbst-Heiler, der als »voll ausgerüstet« anerkannt worden wäre, wenn er nicht wenigstens ein oberflächliches Wissen von den medizinischen Wirkungen einer Reihe der geläufigsten Kräuter und Nahrungsmittel gehabt hätte.

Die Selbstheilungsmethode meiner Wahl ist die Akupressur. Aber ich habe festgestellt, daß sich das Wissen über und die Anwendung von Kräuterheilmitteln gelegentlich als sehr hilfreich erwiesen hat. In diesem Sinne darf ich Sie zu den nächsten Seiten willkommen heißen.

Michael Blate

Zur Beachtung für den Leser

Es ist nicht empfehlenswert, sich auf selbstverordnete Kräuterkuren als alleinige Selbstbehandlungsmethode zu reduzieren. Sie sollten auch nicht als Ersatz für eine professionelle Gesundheitsfürsorge betrachtet werden — ein guter Arzt ist ein wertvoller Ratgeber und Fachmann in Gesundheitsfragen, dessen Wissen und Dienstleistungen auch zu Hilfe genommen werden sollten, wenn es nötig ist.

Die Information in diesem Handbuch basiert — wie fast die gesamte Kräuterheilkunde — auf der persönlichen Erfahrung sowie der Überlieferung aus dem Volk. Wir meinen, daß die Quellen verläßlich und seriös sind, aber alles sollte mit dem gesunden Menschenverstand und Bedacht angewandt werden. Wenn die Symptome anhalten, suchen Sie Ihren Arzt auf.

Wie man dieses Handbuch benutzt

Das Handbuch kann auf drei Weisen benutzt werden:

als Nachschlagewerk für mehr als 60 häufig verwendete medizinische Kräuter und Pflanzen;

als ein Rezeptbuch zur »Selbstverordnung«, das auf den den Pflanzen zugeschriebenen *therapeutischen Wirkungen und Eigenschaften* beruht;

als ein Rezeptbuch zur »Selbstverordnung« je nach *Symptom oder Erkrankung*, die Sie zu behandeln wünschen.

Um von diesem Handbuch den besten Nutzen zu haben, befassen Sie sich erst einmal mit Teil I, indem Sie sich mit den Heilkräutern und ihren historischen Anwendungen vertraut machen. Lassen Sie den Symptomen, die »auf Sie zutreffen« (oder Ihre Familie), besondere Aufmerksamkeit zukommen, und notieren Sie die Kräuter, die als hilfreich angegeben sind. Versuchen Sie, von diesen Kräutern so viele wie möglich zu Ihrer Verfügung zu halten. (Man muß nicht *alle* im Buch verzeichneten Kräuter beschaffen können — 20 oder 30 sind gewöhnlich mehr als genug, da sich viele in ihren Eigenschaften und ihrer Wirkung überschneiden.)

Wenn es dann notwendig wird, wenden Sie sich den Teilen II oder III zu, wo Sie die am besten geeigneten Kräuter finden, um Ihr(e) Symptom(e) »gezielt« zu bekämpfen, und wenden Sie diese entsprechend an.

Über Heilkräuter

Wie Kräuter vermutlich wirken

Die Heilwirkung der meisten Kräuter liegt vermutlich irgendwo zwischen der gründlichen, aber groben Wirkung der *Allopathie* (dazu gehören die meisten Drogen und Medikamente, die die westliche Wissenschaft und chemische Industrie hervorgebracht haben) und der gründlichen, aber feinen Wirkung der *Homöopathie* (die auf der Ebene der Atome des menschlichen Organismus zu wirken scheint).

Daher sind die meisten Heilkräuter sicherer — aber langsamer in der Wirkung — als allopathische Medizin (in der Sichtweise der traditionellen, orientalischen Philosophie der Yin-Seite zuzuordnen) oder homöopathische Präparate (der Yan-Seite zuzuordnen).

Kräuter scheinen auf der *zellularen* Ebene zu wirken und im Endeffekt das Organ oder die Drüse zu beeinflussen, mit der sie die größte Vereinbarkeit haben. (In der traditionellen, östlichen Philosophie — auf der dieses Buch basiert — wird jedem Symptom oder jeder Krankheit, an der wir leiden, ein Organ oder eine Drüse als »Haus« zugeordnet.)

Da die Erkrankung eines Organs oder einer Drüse sich in ganz verschiedenen Symptomen manifestieren kann, ist es möglich, daß nur ein Kraut zur Linderung, Behandlung und Heilung einer ganzen Reihe von Leiden dienen kann.

Allopathische Drogen und Medikamente wirken schnell und gründlich, daher hat man sofort den Eindruck, etwas »geschafft« zu haben; dasselbe gilt für die Akupressur und andere »Therapien der Berührung« (siehe auch »Grundlagen der Akupressur zur Schmerzlinderung«, Basis-Werk von Michael Blate, Xenos Verlag) — sie bringen schnelle, wenn auch manchmal nur vorübergehende Resultate. Kräuter und andere »feine« Therapien brauchen mehr Zeit, um ihre Wirkung zu zeigen; ihre Auswirkungen haben jedoch eine breite Grundlage und scheinen auf mehreren »Ebenen« gleichzeitig vorzugehen.

Kräuter sind sicher und wirksam

Obwohl Kräuter eine Medizin *sind,* sind sie in der Wirkung im allgemeinen behutsamer und sanfter. Aus diesem Grunde ist die Selbstverordnung gewöhnlich ungefährlich. Wenn Sie sich ausschließlich einer Kräuterbehandlung unterziehen, sollten Sie im Laufe eines Zeitraumes von drei Wochen bis sechs Monaten (bei chronischen Leiden) eine Besserung verspüren. Ein Jahr wird üblicherweise als obere Zeitgrenze für eine ungefährliche Behandlungsdauer mit ein und demselben Kräuter-Heilmittel (bzw. einer -Mixtur) angenommen.

Aber genauso wie chemisch produzierte Medizin, die unmäßig eingenommen wird, negative Wirkungen zeigen kann, können auch natürliche »Medikamente« (und dazu zählen Kräuter), wenn sie nicht richtig angewendet werden, manchmal das Gegenteil der beabsichtigten Wirkung hervorrufen. Das gilt besonders für Kräuter, die zur falschen Jahreszeit gepflückt wurden, oder solche, die falsch zubereitet wurden (obwohl Sie in den meisten Fällen schon außergewöhnlich große Mengen davon einnehmen müßten, bis diese schädlich wirken könnten).

Also, wenn Sie nicht Fachmann sind, was die Bestimmung und Zubereitung von medizinischen Kräutern angeht, ist es das beste, Sie beschaffen sich die Kräuter aus einer vertrauenswürdigen Quelle. Wenn Sie die Kräuter in einem Laden kaufen oder sich welche zuschicken lassen, vergleichen Sie immer auch die lateinische (botanische) Bezeichnung und den gebräuchlichen Namen; ein Name des allgemeinen Gebrauchs (wie z. B. »Meisterwurz«) kann zur Bezeichnung vieler verschiedener Pflanzen verwendet werden.

In Asien, wo die medizinische Verwendung von Nahrungsmitteln und

Kräutern seit Tausenden von Jahren praktiziert und aufgezeichnet wird, sagt man, daß die Therapie mittels der Ernährung nur ein wichtiges »Bein« eines persönlichen Gesundheitsfürsorgeprogramms ist. Die anderen Glieder, die zur Wiederherstellung und Erhaltung des Wohlbefindens notwendig sind, sind *körperliche Übungen, Akupressur* (oder ähnliche Therapien der gezielten manuellen Beeinflussung), *Atemübungen, Gebet* und *einfache Entspannungsübungen* (wie z. B. Meditation).

Was sind »medizinische Kräuter«?

Der Zweckdienlichkeit halber sind in diesem Buch *alle Pflanzen, Früchte oder Blätter usw., die medizinische (heilende) Eigenschaften zu haben scheinen,* als Kräuter bezeichnet worden. Obwohl hierzu fast alles, was wächst, gehört (tibetanische Heilkundige — die zu den klügsten und fortschrittlichsten Ärzten der Welt zählen — schreiben tatsächlich *jeder* Substanz auf dieser Erde medizinische Qualitäten zu, so auch Steinen, Edelsteinen usw.), wendet sich dieses Handbuch nur den gewöhnlichsten und am weitesten verbreiteten medizinischen Pflanzen zu.

Pflanzen können eine Anzahl verschiedener medizinischer Qualitäten aufweisen (z. B. als Karminativum, Depurativum, Diuretikum usw. wirken). In den folgenden Teilen sind alle wichtigsten medizinischen Eigenschaften sowie auch die bekanntesten Kräuter, die diese Eigenschaften aufweisen, detailliert aufgeführt und können ohne Schwierigkeiten nachgelesen werden.

Es ist weder so, daß die hier angeführten medizinischen Eigenschaften der Pflanzen ihre *einzigen* Qualitäten darstellen, noch sind die Organe oder Systeme, auf die sie wirken, die alleinigen Teile von Körper-und-Seele (der »Körper-Seele«), die durch sie

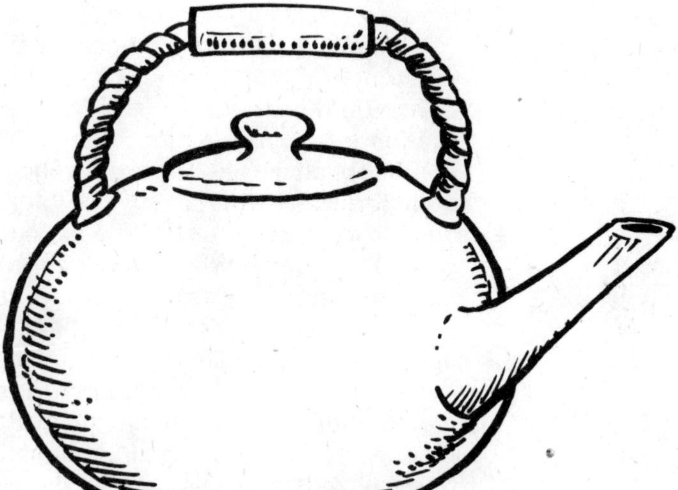

Japanischer Teetopf aus emailliertem Steingut, mit Schnur und Kupferrohrgriff, eine schöne Art des Teebrühens!

beeinflußt werden. Kräuterheilverfahren sind eine Kunst und ein Abenteuer — unter diesen Voraussetzungen eine lebenslange Lernerfahrung. Und da jedes Individuum einzigartig ist, betreten Sie auf der Entdeckungsreise zu Ihrer persönlichen »idealen Kräuterformel« immer unberührtes Terrain.

Wie man Kräuter anwendet

Die meisten medizinischen Kräuter lassen sich sowohl innerlich als auch äußerlich anwenden. Die *innerliche* Anwendung ist weitaus häufiger, wobei die Kräuter in Form eines »Tees« oder eines Aufgusses eingenommen werden.

Es werden zumeist die Blüten und Blätter dafür verwendet, wenn nicht ausdrücklich etwas anderes angegeben wird. Unter Beachtung der folgenden Anweisungen und Empfehlungen gießt man gewöhnlich einen halben Liter kochendes Wasser über dreißig Gramm (oder mehr) von der Pflanzensubstanz und läßt sie bedeckt für mindestens dreißig Minuten ziehen. Wenn nichts anderes angegeben ist, sollten *Kräuterblüten oder -blätter niemals gekocht werden.*

Ein *Sud* ist dem Aufguß sehr ähnlich. Er wird hergestellt, indem man eine pflanzliche Substanz eine Zeitlang in Wasser *kocht.* Auf diese Weise werden harte pflanzliche Substanzen behandelt — so z. B. Rinde, Wurzeln oder Samen —, da man sie längeren Hitzeeinwirkungen aussetzen muß, um ihre medizinischen Wirkstoffe zu extrahieren. In diesem Fall läßt man gewöhnlich dreißig Gramm Pflanzensubstanz in einem halben Liter oder mehr (anfänglich kaltem) Wasser mindestens 30 Minuten lang kochen (oder länger).

Die »30 Gramm auf 30 Minuten«-Regel gilt generell für die *medizinische Anwendung* (wofür man meist einen starken Aufguß braucht). Nehmen Sie ruhig weniger, wenn Sie nur ein wohlschmeckendes und wohlriechendes *Getränk* bereiten wollen. Als milden Aufguß zu Getränkezwecken kann man Kräuter eigentlich bedenkenlos verwenden, solange sie die zeitliche Übergrenze von einem Jahr nicht überschreiten. Sie sollten selbstverständlich das Getränk absetzen, sobald Sie irgendwelche nachteiligen Reaktionen darauf bemerken.

Andere Bereiche der innerlichen Anwendung von Kräutern

Neben ihrem Gebrauch als Getränk gibt es noch die andere Möglichkeit der innerlichen Anwendung von Kräutern als *Inhalation* — d. h. sie können als Zigarette oder in einer Pfeife geraucht werden. Kräuterinhalationen können in zwei Fällen empfohlen werden: zur gezielten Einwirkung auf das *Atmungssystem* und als »Übergangslösung« für jemanden, der sich von der Tabaksucht befreien will.

Bestimmte medizinische Kräuter können auch *gekaut oder gegessen* werden — hier sind besonders der *Knoblauch* und die *Ingwerwurzel* zu erwähnen, wie auch andere, ähnlich weiche Kräuterknospen oder -wurzeln (z. B. Ginseng usw.). Hierbei zeigt sich eine besonders schnelle Wirkung auf das Verdauungs- (und vielleicht auch noch das Atmungs-)System. Diese Kräuter werden auch oft zum Kochen verwendet, wo sich ihre Würzqualität mit den medizinischen Wirkungen verbinden läßt.

Eine fünfte Methode, Kräuter innerlich anzuwenden, ist die Verwendung von Aufgüssen als *»hohen« Einlauf oder Klistier*. Ein starker Kräuteraufguß wird rektal verabreicht und so lange wie möglich gehalten, so daß die Flüssigkeit von den Darmwänden resorbiert werden kann usw.

Eine weniger übliche und kompliziertere Methode der Extraktion medizinischer Wirkstoffe ist die Herstellung einer *Tinktur*. Reiner oder verdünnter Getränkealkohol (z. B. Weinbrand, Wodka, Gin usw.) wird als Lösung zum »Einweichen« des Krautes genommen; mischen Sie zur Herstellung der Tinktur einen achtel Liter Wasser mit drei achtel Alkohol und 30 Gramm des pulverisierten Heilkrautes.

Lassen Sie die Mischung zwei Wochen oder länger stehen, und schütteln Sie sie regelmäßig jeden Abend. Dann filtrieren Sie die Flüssigkeit und vernichten die Kräuterrückstände. Eine Tinktur wird zumeist dann zubereitet, wenn Hitze oder Wasser allein nicht ausreichen, um die medizinischen Wirkstoffe zu extrahieren.

Die äußerliche Anwendung von Kräutern

Medizinische Kräuter können in vielfacher Weise äußerlich angewendet werden, eine Möglichkeit ist der *heiße Umschlag*. Er wird lokal angebracht, gewöhnlich in der Form von abwechselnd einer heißen und einer kühlen bis kalten großen Kompresse, die mit einem starken Kräuteraufguß getränkt ist. Der therapeutische Nutzen besteht in der Schmerzlinderung und Fiebersenkung.

Ein Baumwollhandtuch oder ein ähnliches, dickes Tuch wird auf 25 cm Breite gefaltet. Während das Handtuch an beiden Enden 10 bis 15 cm mit der Lösung getränkt wird, legt man eine Wolldecke ausgebreitet auf den Tisch. Dann wird das durchtränkte Handtuch auf die Wolldecke gelegt, und die Decke wird von beiden Seiten übergeschlagen, so daß sie auf einer Seite die doppelte Dicke hat.

Dieser heiße Umschlag wird dann so heiß, wie man es auf der betroffenen Stelle aushalten kann, angebracht und draufgelassen, bis er abgekühlt ist. Falls die Hitze unangenehm wird, kann man so oft wie nötig mit der Hand unter den heißen Umschlag fahren und ihn etwas bewegen. Wenn der heiße Umschlag eine mittlere Temperatur erreicht hat, nehmen Sie ihn ab, und legen Sie für ungefähr eine Minute ein mit kaltem Wasser oder kaltem Kräutertee getränktes Handtuch auf die Stelle. Danach legen Sie so schnell wie möglich wieder den heißen Umschlag auf.

Ein *Brei-Umschlag* ist eine Auflage aus einer Paste oder eine »Packung« aus medizinischen Kräutern, die auf vergrößerte Drüsen, Abszesse oder Hautausschläge gelegt wird. Die Paste wird mit einem Tuch (oder auch

Umschlag — zur äußerlichen Anwendung, nützlich und leicht anzubringen

einem Stück Plastikfolie, um das Durchsickern zu verhindern) aufgelegt und warm gehalten. Bevor man den Umschlag auflegt, sollte die betroffene Stelle mit Wasserstoffsuperoxyd (10%) gereinigt werden.

Für den Umschlag lassen sich am besten pulverisierte oder granulierte Kräuter verwenden, die mit Maismehl oder Leinsamenmehl und Wasser gemischt werden, so daß eine Paste (Brei) entsteht. Wenn Sie frische Blätter verwenden, zerkleinern Sie sie vorher.

Umschläge werden angelegt: um bei Schmerzen, Verschleimungen oder Reizungen Linderung zu bringen; zur desinfizierenden Wirkung; um Entzündungen zurückzudrängen; um eine wunde Stelle oder ein Furunkel zusammenzuziehen; um Schwellungen zum Abklingen zu bringen; um Anspannung/Streß abzubauen; um die Heilung der Haut anzuregen; und um die Entspannung der Muskulatur zu fördern. Ein Umschlag sollte besser *nicht* auf Stellen angebracht werden, wo sich schon Eiter gebildet hat.

Kompressen sind heißen Umschlägen ähnlich, aber sie sind kleiner: es sind heiße, mit Kräutertee getränkte Tücher, die auf die Haut gelegt werden. Kalte Kompressen — oder Eisbeutel — können mit heißen Kompressen abwechselnd verwendet werden.

Eine *Salbe* besteht aus einem kondensierten Aufguß, einem Kräuterextrakt oder einer Tinktur, die mittels eines »neutralen« Trägers, wie z. B. Vaseline o. ä., aufgetragen wird. Sie wird, wie ein Balsam oder eine Lotion, in das betroffene Gebiet, in die Haut eingerieben oder massiert.

Jede dieser Methoden findet bei verschiedenen Symptomen Anwendung. Für den Einsatz der Kräutertherapie ist wenigstens eine oberflächliche Kenntnis dieser Anwendungsmöglichkeiten wichtig.

Das »konstitutive« Heilmittel

Ein Meister der Kräuterheilkunde macht es sich nicht leicht, ein Kraut oder mehrere Kräuter für seine Patienten auszusuchen. Das rührt daher, daß er sich darüber bewußt ist, daß jedes Individuum an einer einzigartigen Krankheit leidet, die ein Ausdruck der lebenslangen Konstitutionsschwäche des Betroffenen ist. Er hat erkannt, daß kein Leiden jemals einem anderen gleich oder auch nur ähnlich ist, auch wenn der Bruder oder Nachbar an etwas leiden mag, das denselben Namen hat und ähnliche Charakteristika aufweist.

Darüber hinaus kann keine Erkrankung und kein körperliches Gebrechen unabhängig von all den anderen Aspekten, die die Person betreffen, gesehen werden. Anders ausgedrückt, sollte im Idealfall eine »Erkältung« nicht behandelt werden, ohne viele andere Faktoren, die ihr vorangingen, in Betracht zu ziehen.

Für einen Meister der Kräuterheilkunde gibt es, jedem einzelnen angemessen, eine einzige Grundsubstanz, die, wenn richtig angewendet, eine elementare Verlangsamung und Umkehrung der Problematik des Betroffenen auslöst. Diese wird das »konstitutive Heilmittel« genannt.

Es ist aber kein leichtes Unterfangen, dieses konstitutive Heilmittel herauszufinden, hier ist ein kenntnisreicher Kräuterkundiger mit Fingerspitzengefühl gefordert. Es ist folglich unwahrscheinlich, das irgend jemand ohne eine langjährige Beschäftigung und Erfahrung mit diesen Dingen die genaue Diagnose — und auch noch die Selbstverschreibung der Mittel — für seinen eigenen Zustand vornehmen könnte.

Wie man für sich selbst das richtige Heilkraut heraussucht

Es gibt trotz aller Vorbehalte einige »Faustregeln«, die dabei behilflich sein können, ein gutes Heilkraut für Ihre Symptome auszuwählen. Sofern es Ihnen möglich ist, sollten Sie Heilkräuter (oder ein Heilkraut) auswählen, die die von Ihnen benötigten medizinischen Qualitäten aufweisen und:

vor Ort wachsen;
Ihnen intuitiv »richtig« erscheinen;

gut riechen (Ihrer Meinung nach);
gut oder »richtig« schmecken;
rasche und spürbare Erleichterung bringen;
sachgemäß gepflückt und zubereitet wurden.

Wenn Sie nicht genau wissen, welche Kräuter in Ihrer Umgebung wachsen (d. h. in einem Umkreis von 100 km), fragen Sie bei einer landwirtschaftlichen Behörde nach. Falls man Ihnen dort keine Auskunft geben kann, so erfahren Sie dort vielleicht, wo man Ihnen helfen kann. Von diesen Kräutern sollten Sie sich die Wurzeln oder Blätter zulegen, die Ihnen am besten schmecken (oder sogar nur am besten geeignet oder »richtig« für Ihre Problematik *erscheinen* — Ihre Intuition kann eine wichtige Anleitung sein).

Wahrscheinlich werden Sie zum Schluß mit einer kleinen Anzahl von Kräutern auskommen. Wie gesagt, sollten dazu vor allen Dingen solche zählen, die in Ihrer Umgebung wachsen, am besten schmecken, am leichtesten erhältlich sind und die die beste Wirkung zu haben scheinen — und nicht alle oder die meisten der vielen für ganz spezielle Symptome verabreichten Kräuter, die auf den nächsten Seiten verzeichnet sind.

Wenn Ihrer Meinung nach irgendein Kräutertee *schlecht* riecht und schmeckt, verwenden Sie ihn nicht; sollte er jedoch gut riechen, obwohl er schlecht schmeckt, könnte er hilfreich und nützlich sein. Und wenn er sowohl gut riecht als auch gut schmeckt, kann es sein, daß er noch weit über die gezielte Symptombehandlung hinaus einen wohltuenden Effekt hat.

Wie man Aufgüsse und Sude herstellt

Nehmen Sie zur Aufbereitung medizinischer Kräuter stets Stahl, Glas, Keramik oder Tongegenstände. Verwenden Sie niemals Aluminium, Eisen, Blei oder andere toxische Metalle, da diese nicht nur die Eigenschaften der Heilkräuter oder des Wassers verändern können, sondern auch möglicherweise giftig sind.

Geben Sie zuerst die getrockneten Kräuter in eine Kanne oder eine dosierte Menge der Kräuter (ungefähr einen großen Teelöffel auf einen Viertelliter) in ein »Tee-Ei« und legen Sie das in einen Becher. Füllen Sie jetzt frisches, kaltes Wasser in einen Kessel und bringen Sie es zum sprudelnden Kochen. Sobald das Wasser zu kochen beginnt, nehmen Sie es vom Herd und gießen Sie es von hoch oben in die Teekanne (um dem gekochten Wasser wieder Sauerstoff zuzuführen), über die Blätter, Blüten und/oder »weichen« Teile der Pflanze. Setzen Sie dann den Deckel auf die Kanne — es sollte kein duftender Dampf entweichen (da damit auch einige der medizinischen Öle abhanden kommen würden). Lassen Sie den Aufguß für 30 bis 40 Minuten ruhen, damit sich die medizinischen Wirkstoffe voll entfalten können.

Wenn Sie einen Sud herstellen wollen, legen Sie Rinde, Zweige und/oder Wurzeln in einen Stahltopf und bedekken alles mit kaltem Wasser. Schließen Sie den Topf und lassen Sie den Inhalt aufkochen, dann lassen Sie das Ganze bei kleiner Hitze mindestens eine halbe Stunde lang schwach kochen. Trinken Sie den Aufguß bzw. den Sud warm, aber nicht kochend heiß. Die restliche Flüssigkeit kann im Kühlschrank aufbewahrt werden und sollte als kühles Getränk anstelle der Erfrischungsgetränke oder anderer Flüssigkeiten, die Sie sonst am Tage zu sich nehmen würden, getrunken werden.

Was mit einer Kräutertherapie erreicht werden sollte

Kräuter scheinen ihre medizinische Wirkung zu vollbringen, *indem sie in den Organen oder Drüsen, auf die sie »abzielen«, eine Reaktion auslösen,* sobald sie diese erreichen. Im Idealfall sollte eine Kräutertherapie wenigstens drei wichtige Funktionen erfüllen:

Sie sollte *den Aufbau, die Ausbesserung und die Wiederherstellung* des gestörten Organs oder der Drüse, die es erreicht, vorantreiben,

sie sollte die *»Ausscheidung«* giftiger Rückstände von unvollständigen biochemischen Vorgängen (Toxine) in diesen Organen oder Drüsen vorantreiben.

Sie sollte die *Wiederherstellung des »Gleichgewichts«* erstens in den jeweilig entsprechenden Organen und dazu auch in der ganzen Körper-Seele vorantreiben.

Achten Sie besonders darauf, ob sich nachteilige (allergische) Reaktionen — das können Pickelchen, Ausschlag oder weniger auffällige Nebenwirkungen sein — einstellen, wie z. B. Hyperaktivität oder Reizbarkeit.

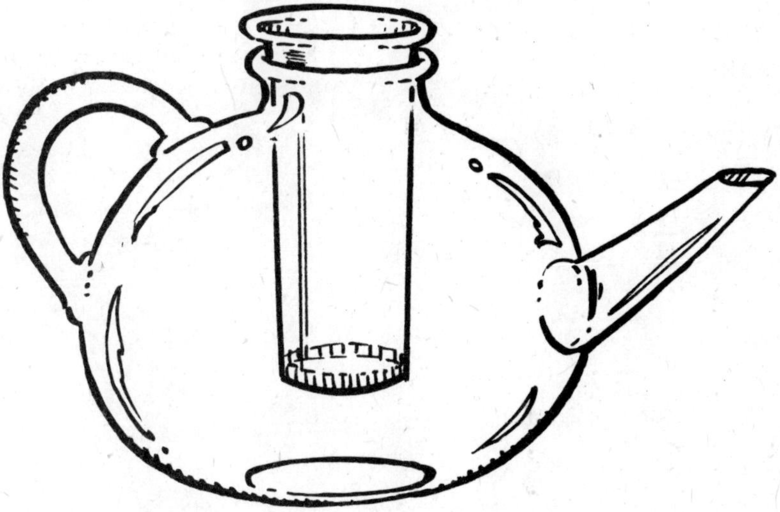

Eine durchsichtige Jenaer-Glas-Teekanne, vom Autor bevorzugt!

Über die Kombination von Kräutern

Um ihre medizinischen Eigenschaften zu erweitern, können Kräuter kombiniert werden — was oft getan wird. Es werden jedoch meistens nicht mehr als drei und niemals mehr als fünf Kräutersorten kombiniert (es sei denn, Sie sind ein äußerst befähigter Kräuterspezialist, der genauestens mit den daraus entstehenden Wirkungen vertraut ist). Wenn auch jedes neue Heilkraut, das dem Basisaufguß beigegeben wird, dessen Wirkung *erweitern* kann, so vermindert es auch die medizinische Wirkung der ursprünglich angesetzten Kräuter.

Kurz gesagt, je mehr Kräuter und/ oder Grundwirkstoffe ein Tee oder ein

Stahlteekessel mit Kupferboden, hält jahrelang!

Heilmittel enthält, desto langsamer (aber breiter) ist seine Wirkung. Je langsamer es wirkt, desto besser eignet es sich aber auch für *chronische* Leiden — solche, die sehr langwieriger Natur sind und die den ganzen Menschen in Mitleidenschaft ziehen (als Unterschied zu einem *akuten* Leiden).

Umgekehrt wirkt ein Tee oder ein Heilmittel um so schneller, je weniger Kräuter und/oder Zutaten darin enthalten sind. Und je schneller es wirkt, um so besser arbeitet es gegen eine akute Erkrankung oder den Anflug einer Erkrankung.

»Faustregeln« für den Umgang mit Kräutern

Kräutertherapie und besonders die Selbstverordnung ist mehr eine Kunst als eine präzise Wissenschaft. Es gibt nur wenige bindende Richtlinien. Aber wenn Sie nicht innerhalb von drei Tagen nach der Einnahme eines Kräuterheilmittels bei akuter Erkrankung eine postitive Wirkung verspüren, so ist es wahrscheinlich der falsche Aufguß oder die falsche Kräuterkombination.

Beachten Sie bitte: Chronische Erkrankungen brauchen länger — manchmal einige Monate oder noch mehr —, damit man allein mittels einer Kräutertherapie spürbare Besserung erzielt. Je länger eine Krankheit gebraucht hat, sich zu manifestieren, desto länger dauert es, sie »zurückzudrängen« (zu heilen).

Im allgemeinen ist es empfehlenswert, vier oder fünf Tassen Kräuteraufguß — oder die gleiche Menge in Portionen von einem großen Teelöffel Kräutersubstanz auf eine große Teetasse Wasser — täglich zu trinken bzw. anzuwenden. Trinken Sie zu Beginn der Therapie auch mehr, aber reduzieren Sie die Menge nach und nach bei einer Kur über mehrere Monate.

Die traditionelle Ansicht sagt, daß ein Heilkraut oder eine Kräuterkombination, das (oder die) die sofortige Besserung eines Leidens oder einer Erkrankung bewirken konnte, grundsätzlich auch gut ist, ein Wiederauftreten der Krankheit zu *verhindern,* wenn es ab zu verwendet wird. Wenn Sie aber wenige Tage nach der Einnahme relativ großer Mengen eines Kräuterheilmittels keinerlei spürbare Wirkung verzeichnen können, versuchen Sie es mit einem anderen Heilkraut oder einer anderen Kombination.

Schließlich gibt es noch einige »Verbote«, die man beachten sollte: Süßen Sie Kräutertees nicht mit Zukker — wenn Sie ihn unbedingt versüßen wollen (es ist besser, Sie verzichten darauf), verwenden Sie dazu nur *rohen* Honig. Nehmen Sie auch nicht Medikamente und medizinische Kräuter zusammen ein — es könnte sein, daß eine gegenseitige »Aufhebung« erfolgt. Warten Sie mindestens vier Stunden zwischen der jeweiligen Einnahme (und noch besser ist es, wenn Sie das eine nehmen, um auf das andere zu verzichten).

Kräuter können gefährlich sein

Denken Sie immer daran, daß Heilkräuter medizinische Wirkstoffe sind. Sogar die Kräuter mit den größten Heilwirkungen können mißbraucht werden; und es gibt eine ganze Reihe von gefährlichen Kräutern, die Sie meiden sollten, sofern sie nicht ärztlich verordnet wurden. Dazu gehören die folgenden:
Glockenblumen; Narzissen; Wolfsmilch; Arnika; Wermut; Geißklee; Heliotrop (nicht die Sonnenblume); Mistel; Immergrün; Hahnenfuß; Stechap-

Weißer Porzellanteetopf mit einem schwarzen China-Lackdeckel ... eignet sich gut zur Aufbewahrung von essentiellen Kräuterölen ... In China und Japan verbreitet

fel; Pfaffenhütchen; Alraun; Nieswurz; Meerzwiebel; Giftiger Schierling; Tabak (besonders die innerliche Anwendung); Goldregen; Eisenhut; Zaunrübe; Brechnuß; Kalabarbohnen; Kampfer (besonders die innerliche Anwendung); Mutterkorn; Ignatiusbohnen; Bittersüß; Germer; Bilsenkraut; Schellkraut; Tollkirsche (Belladonna); Christpalme (aus deren Früchten das Rizinusöl gewonnen wird); Fingerhut (der das Digitalis liefert); Primeln; und jede Art Kräuter, die allergische Reaktionen hervorrufen.
Auch einige der in diesem Handbuch verzeichneten Kräuter — die im allgemeinen als »sicher« betrachtet werden — können potentiell gefährlich sein (d. h. sie können leicht »mißbraucht« werden). Zu den bekannteren Heilkräutern, die man mit dem Etikett »potentiell gefährlich/vorsichtig anwenden« versehen könnte, gehören:
Rainfarn (besonders in großen Mengen für schwangere Frauen); Raute; Beinwell; Baldrian (dieses Heilkraut darf nicht gekocht werden); Flohkraut (sollten schwangere Frauen nicht verwenden); Lobelie; Goldsiegel; Blutwurz; Helmkraut; Frauenschuh; Maiglöckchen; Kalmus; Blauer Hahnenfuß; Amerikanisches Wanzenkraut. Sogar Ginseng — eines der »Wunderheilmittel« aus Asien (und auch aus Amerika) — kann, im Übermaß genossen, mög-

licherweise gefährliche Symptome hervorrufen (z. B. hohen Blutdruck oder Überspanntheit, Schlaflosigkeit, Hautausschläge, Morgendurchfall usw.).

Die intensive Beschäftigung mit diesen und anderen natürlichen Heilmethoden — solchen, die in dieser Reihe noch vorgestellt werden — ist eine der aufregendsten und lohnenswertesten Lernerfahrungen, die ein Mensch machen kann. Es gibt fast immer einfache Heilmittel auch für die kompliziertesten Gesundheitsprobleme, wenn man nur die Naturgesetze, die unsere Existenz leiten und regeln, achtet und ihnen folgt.

Teil I —
Kräuter, die man haben sollte

Alant
Aloe vera
Alraun
Amerikanisches Wanzenkraut
Anis
Asiatisches Wassernabelkraut

Bärenklau
Baldrian
Beinwell
Blauer Hahnenfuß
Bockshornklee
Brennessel

Cayennepfeffer

Damianablätter

Echinazeawurzel
Echte Katzenminze
Eibisch
Eisenkraut
Erzengelwurz

Falsches Einhorn
Feldulme
Fenchel
Flohkraut

Gagel
Ginseng
Goldsiegel
Große Königskerze

Heidelbeere
Heilziest
Helmkraut
Himbeere
Holunder
Hopfen
Huflattich

Immergrüne Bärentraube
Ingwer

Johanniskraut

Kalmus
Kamille
Klette
Knoblauch
Kreosotstrauch
Kubebe

Lakritz
Lobelie
Löwenzahn
Luzerne

Minze (Grüne)
Myrrhe

Pfefferminze
Prünelle

Rainfarn
Rose, Hagebutte
Rosmarin
Rotklee

Salbei
Sanikel
Sarsaparille
Sassafras
Sauerampfer
Schachtelhalm
Schafgarbe
Sommerlinde
Spitzwegerich
Syrisches Seidenkraut

Vogelmiere

Wacholder
Weißdorn
Weißer Andorn
Wintergrün

Ysop

Zauberhasel
Zwergpalme

Alant
(Inula helenium)

Auch genannt: Helenenkraut;

Verwendete Teile: Wurzel;

Primäre medizinische Eigenschaften:
Alterans; Aromat; Antiseptikum; Adstringens; Diapherotikum; Diuretikum; Emmenagogum; Expektorans; Stimulans; Stomachikum; Tonikum;

Wirkt auf:
Atmungssystem; Urogenitaltrakt; Fortpflanzungsorgane;

Innerlich häufig angewendet bei:
den meisten Erkrankungen der Lunge und Atemwege; verspäteter Menstrua-

tion; Nieren-/Blasensteinen; Fieber; Erkrankungen des Harntrakts;

Äußerlich häufig angewendet bei:
Haut(flecken);

Bemerkungen:
wird oft mit Echinazea kombiniert.

Aloe vera
(Aloe socotrina)

Auch genannt:
Bombay-Aloe; Barbados-Aloe;

Verwendete Teile:
Gel der Blätter;

Primäre medizinische Eigenschaften:
Kathertikum; Stomachikum; Aromat; Emmenagogum; Drastikum; Wundheilmittel; Emolliens; Antiseptikum; Tonikum;

Wirkt auf:
Verdauungs- und Fortpflanzungssysteme; Darm;

Innerlich häufig angewendet bei:
Verstopfung; Verdauungsstörungen; Menstruationsproblemen; Würmern; Darmerkrankungen;

Äußerlich häufig angewendet bei:
wunden Stellen; Verbrennungen; Insektenstichen; Sonnenbrand; Hautkrankheiten; Hämorrhoiden;

Bemerkungen:
Sehr effektives Heilmittel mit breitem Wirkungsspektrum, das man leicht zu Hause ziehen kann.

Alraun
(Podophyllum peltatum)

Auch genannt:
Alraune; Heckmännchen; Galgenmännchen; Mandragora;

Verwendete Teile:
Wurzel;

Primäre medizinische Eigenschaften:
Alterans; Anthelminthikum; Kathartikum; Deobstruent; Diaphoretikum; Cholagogum; Anticholeretikum; Resolvens; Sialagogum; Sedativum; Vermifugum; Laxativum;

Wirkt auf:
Leber; Gedärme; Fortplanzungssystem (besonders das weibliche);

Innerlich häufig angewendet bei:
Husten; Angina; Koliken; zur Regulierung von Darm und Leber; Leberleiden (chronisch); Verstopfung;

Äußerlich häufig angewendet bei:
äußerlichen Parasiten;

Bemerkungen:
Ein in großen Mengen giftiges Heilkraut, das auf jeden Fall mit Vorsicht, in Maßen und nur über einen begrenz-

ten Zeitraum verwendet werden sollte; Sie sollten vor der Anwendung einen Arzt befragen.

Amerikanisches Wanzenkraut
(Cimichifuga racemosa)

Auch genannt:
Klapperwurz; Squawwurz; Nordamerikanische Schlangenwurz; Wanzenwurz; Frauenwurzel;

Verwendete Teile: Wurzel;

Primäre medizinische Eigenschaften:
Alterans; Emmenagogum; Expektorans; nerval; Adstringens; Antispasmodikum; Analgetikum; Diuretikum; Relaxans; Sedativum; Tonikum (für Schleimbeutel);

Wirkt auf:
Atmungssystem; Kreislauf; weibliche Fortpflanzungsorgane; Urogenitaltrakt; Leber;

Innerlich häufig angewendet bei:
Rheuma; Schmerzen; Husten; Keuchhusten; Entzündung der Rückenmarkshäute; Asthma; Bissen von Giftschlangen oder Insekten; Verspannung; Nierenerkrankungen; Lebererkrankungen; Geburt (erleichtert);

Bemerkungen:
Ein potentiell gefährliches Heilkraut, das nicht im Übermaß verwendet werden sollte.

Anis (Pimpinella anisum)

Auch genannt:
Änis; Enis; Sternanis;

Verwendete Teile:
Wurzel; *Samen;*

Primäre medizinische Eigenschaften:
Stimulans; Karminativum; Aromat; Diaphoretikum; Tonikum; pektoral; Relaxans; Stomachikum; Würzmittel;

Wirkt auf:
Verdauungssystem; Atmungssystem; Brustkorb; Brüste;

Innerlich häufig angewendet bei:
Darmgasen/Blähungen; Koliken; Verdauungsstörungen; Übelkeit; Rheuma;

Bemerkungen:
Ein wohlschmeckendes Kraut (ähnlich wie Lakritz), das viele Anwendungsmöglichkeiten kennt; besonders hilfreich, wenn es mit Fenchel und Echter Katzenminze gemischt wird; die Samen werden oft nach den Mahlzeiten zur Verdauungsförderung gekaut; fördert die Milchbildung in der Stillzeit.

Asiatisches Wassernabelkraut (Hydrocotyle asiatica)

Auch genannt:
Indianische Pfennigwurz; Fo-ti-tien; Fo-ti;

Verwendete Teile:
Blätter;

Primäre medizinische Eigenschaften: Analgetikum; Alterans; Aperiens; Febrifugum; Stimulans; Narkotikum (in großer Dosierung); Diuretikum; Antisyphilitikum;

Wirkt auf: Gedärme; Nervensystem;

Innerlich häufig angewendet bei: Rheuma; Fieber; Darmstörungen; zur Erhöhung der geistigen Leistungsfähigkeit;

Äußerlich häufig angewendet bei: wunden Stellen im Geschlechtsbereich.

Bärenklau (Heracleum lantanum)

Auch genannt: Herkulesstaude; Bärenwurzel; Meisterwurz

Verwendete Teile: Wurzel; Samen;

Primäre medizinische Eigenschaften: Karminativum; Diuretikum; Antispasmodikum; Stimulans; Emmenagogum;

Wirkt auf: Verdauungssystem; Urogenitaltrakt; Atmungssystem;

Innerlich häufig angewendet bei: Erkältungen und grippalen Infekten; Fieber; verspäteter Menstruation; Nierensteinen; Epilepsie; Asthma; Schlaganfall; Lähmungen;

Äußerlich häufig angewendet bei:
wunden Stellen und Geschwüren (als Spülung);

Bemerkungen:
Nicht zu verwechseln mit irgendeinem der anderen sogenannten »Meisterwurz«-Gewächse: *Angelica atropurpurea* (Erzengelwurz), die an anderer Stelle besprochen ist, oder *Imperatoria ostruthium* (Kaiserwurzel, Anstrenze), obwohl diese ähnliche Eigenschaften wie der Bärenklau hat.

Baldrian
(Valeriana officinalis)

Auch genannt:
Katzenkraut; Hexenkraut;

Verwendete Teile:
Wurzel;

Primäre medizinische Eigenschaften:
Analgetikum; Aromat; Antispasmodikum; bitter; Karminativum; nerval; Rubefaziens; Sedativum; Stimulans; Tonikum;

Wirkt auf:
Verdauungssystem; *Nervensystem;*

Gehirn;
Urogenitaltrakt; Gedärme; Leber;

Innerlich häufig angewendet bei:
Gedächtnisstörungen/-verlust; inneren Krämpfen (besonders bei Kindern); Neuralgie; Epilepsie; Schlaflosigkeit; Herzklopfen; Geschwüren (Magen-); Schmerzen; Nervosität; Erkrankungen im Urogenitalbereich (besonders Steine);

Äußerlich häufig angewendet bei:
Wunden; wunden Stellen; Pickeln;

Bemerkungen:
Ein hochwirksames — und potentiell gefährliches — Heilmittel, dessen Vorzüge vor allem in der beruhigenden und dämpfenden Wirkung liegen — Baldrianwurzel niemals kochen!

Beinwell
(Symphytum officinale)

Auch genannt:
Schwarzwurz; Beinwurz; Hundszunge; Beinheil; Wallwurz;

Verwendete Teile:
Blätter; Wurzel;

Primäre medizinische Eigenschaften:
Adstringens; Antiseptikum; Mucilaginosum; Expektorans; Nutriment; Styptikum; Wundheilmittel; pektoral; Dekongestans;

Wirkt auf:
Atmungssystem; Leber; Gallenblase; Knochenbau; Knochen; Haut; Verdauungssystem; Gedärme; Urogenitaltrakt;

Innerlich häufig angewendet bei:
blutigem Urin; Blutarmut; jeder Art von Atembeschwerden; Husten; Durchfall; Ruhr; Blutungen; verstopfter Nase (Nasenschleimhautanschwellung); Kehlkopfentzündung; Menstruationsstörungen;

Äußerlich häufig angewendet bei:
blauen Flecken; Verstauchungen; Wunden; Geschwüren; Furunkeln, Gerstenkörnern und Karbunkeln; Schwellungen; Abszessen; Verbrennungen;

Bemerkungen:
Sehr effektives Heilmittel mit Breitenwirkung; hat zahlreiche medizinische Qualitäten, sollte aber in Maßen verwendet werden (eine Langzeitanwendung in hoher Dosierung wurde nach Labortests mit Mäusen als möglicherweise krebserregend eingestuft).

Blauer Hahnenfuß (Caulophyllum thalictroides)

Auch genannt:
Squawwurz; Blauer Ginseng; Papoose (Indianerkind)wurz; Löwenblatt: Stengelblatt;

Verwendete Teile:
Wurzel;

Primäre medizinische Eigenschaften:
Emmenagogum; Diuretikum; Diaphoretikum; Anthelminthikum; Antispasmodikum;

Wirkt auf:
Urogenitaltrakt; Verdauungssystem;

Innerlich häufig angewendet bei:
verspäteter/gehemmter Menstruation; um eine Geburt zu erleichtern; Uteruserkrankungen; Rheuma; Scheidenentzündung; Verspannung; Husten; Herzklopfen; Koliken; Schluckauf; Keuchhusten, Krämpfen; Epilepsie;

Bemerkungen:
Sollte besser nicht allein, sondern mit anderen, ähnlich wirkenden Heilkräutern genommen werden. Ein potentiell gefährliches Heilkraut, das nicht im Übermaß genossen werden darf.

Bockshornklee (Trigonella foenum graecum)

Auch genannt:
Griechisches Heu; Bisamklee; Kuhhornklee;

Verwendete Teile:
Samen;

Primäre medizinische Eigenschaften:
farinadisch; Tonikum; Karminativum; Mucilaginosum; Emulliens; Febrifugum; arthritisch; Deobstruens; Depurativum;

Wirkt auf:
Verdauungssystem; Gedärme; Kreislauf (?); Nieren;

Innerlich häufig angewendet bei:
Fieber; Magen-/Darmerkrankungen; Halsentzündungen; Zuckerkrankheit; Blutvergiftung; Verstopfung (?);

Äußerlich häufig angewendet bei:
Halsentzündungen; Hautreizungen;

Bemerkungen:
Die Samen werden gewöhnlich zermahlen — für den Gebrauch als Umschlag manchmal mit Vaseline oder Kohle vermischt —, bevor sie zur Anwendung kommen; wird oft in Kombination mit Aloe, Anis, Kümmel usw. verwendet.

Brennessel (Urtica dioica)

Auch genannt:
Große Brennessel; Hanfnessel; Nessel;

Verwendete Teile:
die ganze Pflanze;

Primäre medizinische Eigenschaften:
Analgetikum; Adstringens; Diuretikum; Febrifugum; pektoral; Rubefaziens; Styptikum; Tonikum; Anthelmintikum;

Wirkt auf:
Atmungssystem; Urogenitaltrakt (bes. die Nieren); Gedärme; Fortpflanzungssystem (bes. das weibliche);

Innerlich häufig angewendet bei:
Rheuma; Asthma (und bei den meisten Formen von Atemwegserkrankungen); Blutungen (bes. im Bereich des Urogenital- und Fortpflanzungstrakts); Erkältungen und grippalen Infekten; Durchfall; Fieber; Hämorrhoiden; Neuralgien; Fettleibigkeit; giftigen Bissen oder Stichen; Kahlköpfigkeit (Alopezie); Nierensteinen; Rükkenschmerzen;

Äußerlich häufig angewendet bei:
Blutungen (aus den gekochten Blättern einen Umschlag herstellen); Schuppen; Schmerzen (als Umschlag).

Cayennepfeffer (Capsicum annuum)

Auch genannt:
Paprika; Roter Pfeffer; Chili-Pfeffer;

Verwendete Teile:
Frucht;

Primäre medizinische Eigenschaften:
Stomachikum; Rubefaziensum; Mucilaginosum; scharf; Nutriment; Liniment; Styptikum; Alterans; Sialagogum; Stimulans; Tonikum; Febrifugum; Depurativum; Antispasmodikum; Antiseptikum; Emetikum; hepatisch; Diaphoretikum;

Wirkt auf:
Magen-Darmtrakt; Atmungssystem

Kreislauf; Leber; Urogenitaltrakt; Milz; Bauchspeicheldrüse;

Innerlich häufig angewendet bei:
Verdauungsstörungen; Fieber; Erkältungen und grippalen Infekten; Rheuma; Verstopfung; Schock; verstopfter Nase (Schleimhautanschwellung); Husten;

Äußerlich häufig angewendet bei:
blutenden Wunden; Rippenfellentzündung; Rheuma; Halsentzündung;

Bemerkungen:
Eines der wichtigsten Heilkräuter mit breitem Wirkungsspektrum; könnte als »Universalheilmittel« betrachtet werden; obwohl Cayenne sehr scharf ist, kann er oft und regelmäßig gegessen werden, ohne daß Schädigungen ersichtlich wären; er sollte jedoch nur in Maßen eingenommen werden, wenn man sich in einer spirituellen Phase befindet, die wenig körperliche Aktivität vorschreibt, Meditation und dergleichen. Cayenne ist besonders in den Tropen oder in heißem Klima von Nutzen.

Damiana-blätter (Turnera aphrodisiaca)

Auch genannt:
Mexikanische Damiana;

Verwendete Teile:
Blätter;

Primäre medizinische Eigenschaften:
Aphrodisiakum; Aromat; Tonikum; Stimulans; Laxativum; nerval; bitter; Stomachikum; Sedativum;

Wirkt auf:
Geschlechts-/ Fortpflanzungsorgane; Verdauungssystem; Gedärme; Nervensystem;

Innerlich oft angewendet bei:
Nervosität, Müdigkeit; Erschöpfung; Abgespanntheit; zur Steigerung des Sexualtriebes; zur Appetitanregung;

Bemerkungen:
Oft zusammen mit Baldrian, Helmkraut und/oder den Beeren der Zwergpalme verwendet.

Echina-zeawurzel (Brauneria augustifolia)

Auch genannt:
Sonnenhut; Igelkopf; Kegelblume;

Verwendete Teile:
Wurzel;

Primäre medizinische Eigenschaften:
Diaphoretikum; Alterans; Depurativum; Antisyphilitikum;

Wirkt auf:
»Energiesystem«; Urogenitalsystem;

Innerlich häufig angewendet bei:
Geschlechtskrankheiten; jeder Art von Blutvergiftung (Eiter; Wundbrand; Karbunkel usw.)

Äußerlich häufig angewendet bei:
Halsentzündungen (zum Gurgeln); Wunden;

Bemerkungen:
Oft in Kombination mit Myrrhe; kann, um die Heilwirkung auf die Lunge zu verstärken, auch mit Alant kombiniert werden.

Echte Katzenminze (Nepeta cataria)

Auch genannt:
Katzenkraut;

Verwendete Teile:
Blätter, Blüten; ganze Pflanze;

Primäre medizinische Eigenschaften:
Analgetikum; Antispasmodikum; Karminativum; Aromat; Diaphoretikum; nerval; Emmenagogum; Refrigerans; Stimulans; Tonikum; Sedativum;

Wirkt auf:
Verdauungssystem; Nervensystem; Atmungssystem;

Innerlich häufig angewendet bei:

Verdauungsstörungen; Kopfschmerzen; Darmgasen/Blähungen; Magenübersäuerung; Schmerzen; Hysterie; Husten; Koliken; Nervosität;

Äußerlich häufig angewendet:
für Einläufe;

Bemerkungen:
Ein mildes, ausgleichendes Heilkraut mit Breitenwirkung; angenehm in Geschmack und Aroma.

Eibisch
(Althaea officinalis)

Auch genannt:
Altheewurzel; Sammetpappel; Heilwurz; Weiße Malve;

Verwendete Teile:
Wurzel; Blätter;

Primäre medizinische Eigenschaften:
Analgetikum; Emolliens; Diuretikum; Mucilaginosum; Ophtalmikum; pektoral;

Wirkt auf:
Atmungssystem; Verdauungssystem; Gedärme; Geschlechtsorgane; Urogenitaltrakt;

Innerlich häufig angewendet bei:
Nasenverstopfung (Nasenschleimhaut-Anschwellung); Durchfall; Verschleimung der Lunge; Entzündungen des Verdauungs- bzw. des Urogenital-

trakts; Atembeschwerden; Lungenentzündung; Husten; Erkältungen und grippalen Infekten;

Äußerlich häufig angewendet bei:
blauen Flecken; Verstauchungen; Zerrungen; Augenentzündungen (als Augenbad); Reizungen im Vaginalbereich;

Bemerkungen:
Ein mildes Heilkraut mit breitem Wirkungsspektrum, das oft mit anderen, »süßen« Kräutern kombiniert wird, um den wenig wohlschmeckenden Aufguß zu versüßen.

Eisenkraut
(Verbena hastata oder officinalis)

Auch genannt:
Verbene; Eiserner Heinrich; Eiserich; Heilig-Sagen-Kraut;

Verwendete Teile:
die ganze Pflanze;

Primäre medizinische Eigenschaften:
Anthelminthikum; Antispasmodikum; Adstringens; Dekongestans; Deobstruens; Depurativum; Diaphoretikum; Emmenagogum; Expektorans; Emetikum; nerval; Tonikum; Vermifugum; Wundheilmittel; Febrifugum;

Wirkt auf:
Blut; Kreislauf; Haut; Atmungssystem; Nervensystem; Fortpflanzungssystem

(besonders das weibliche); Urogenitaltrakt; Verdauungssystem;

Innerlich häufig angewendet bei:
Atembeschwerden; verspäteter Menstruation; Fieber; Erkältungen und grippalen Infekten; Epilepsie; Nervosität; Hauterkrankungen; Schlaflosigkeit; Verdauungsstörungen; Würmern/inneren Parasiten;

Äußerlich häufig angewendet bei:
wunden Stellen; Wunden;

Bemerkungen:
Ein höchstwirksames Heilmittel, das eine Reihe von Anwendungsmöglichkeiten hat.

Erzengelwurz
(Angelica atropurpurea)

Auch genannt:
Brustwurz; Angelica;

Verwendete Teile:
Wurzel; Kraut; Samen;

Primäre medizinische Eigenschaften:
Aromat; Stimulans; Karminativum; Diaphoretikum; Expektorans; Diuretikum; Tonikum; Emmenagogum;

Wirkt auf:
Atemsystem; Verdauungssystem; Augen; Leber; Milz;

Innerlich häufig angewendet bei:
Verdauungsstörungen; Sodbrennen; Darmgasen; Erkältungen und grippalen Infekten; Fieber;

Äußerlich häufig angewendet bei:
Augenlicht-/Augenproblemen (als Augentropfen oder Augenbad); Hautgeschwüren; Ohren (Tropfen);

Bemerkungen:
Effektives Heilmittel mit vielen Anwendungsmöglichkeiten.

Falsches Einhorn
(Helonias dioica)

Auch genannt: Helonias; Teufelsbiß;

Verwendete Teile: Wurzel;

Primäre medizinische Eigenschaften:
Emetikum (in großer Dosierung); Sialagogum; Stimulans; Anthelminthikum;

Wirkt auf:
Verdauungssystem; Urogenitaltrakt (?);

Innerlich häufig angewendet bei:
Würmern und innerlichen Parasiten (zur Entfernung); zur Apettitsteigerung;

Äußerlich häufig angewendet bei:
äußerlichen Parasiten (tötet Läuse usw.).

Feldulme, Rüster
(Ulmus fulva)

Auch genannt:
Ulme; Rotulme;

Verwendete Teile:
die innere Rinde;

Primäre medizinische Eigenschaften:
Emolliens; Diuretikum; Expektorans; Mucilaginosum; Nutriment;

Wirkt auf:
Atmungssystem; Gedärme; Urogenitaltrakt; Verdauungssystem; Leber;

Innerlich häufig angewendet bei:
Husten; Erkältungen und grippalen Infekten; Atembeschwerden; Verdauungsstörungen; Geschwüren; Entzündungen der Schleimbeutel; Halsentzündungen; Durchfall;

Äußerlich häufig angewendet bei:
Halsentzündungen (zum Gurgeln); Tumoren/Wucherungen (besonders in der Gebärmutter); Leukorrhöe (als Vaginaldusche); verhärteten Brüsten; Abszessen; Hautreizungen.

Fenchel
(Foeniculum officinale)

Auch genannt:
Süßer Fenchel; Finkel

Verwendete Teile:
Samen; Blätter;

Primäre medizinische Eigenschaften:

Aromat; Karminativum; Diaphoretikum; Diuretikum; pectoral; Stimulans; Stomachikum; Würzmittel; bitter; Refrigerans;

Wirkt auf:
Verdauungssystem; weibliches Fortpflanzungssystem; Leber; Gedärme; Milz;

Innerlich häufig angewendet bei:
Darmgasen/Blähungen; Koliken; Verdauungsstörungen (besonders bei Kindern); Gicht; Krämpfen; Zuckerkrankheit; Fieber; Husten; Fettleibigkeit; Rheuma; Schlangen-/Ungezieferbissen;

Äußerlich häufig angewendet bei:
schmerzhaften Schwellungen; als Augenbad;

Bemerkungen:
Ein mildes, wohlschmeckendes Heilmittel mit breitem Wirkungsspektrum; die Samen werden oft nach den Mahlzeiten zur Verdauungsförderung und -verbesserung gekaut.

Flohkraut
(Hedeoma pulegioides)

Auch genannt:
Frauenminze; Squawminze; Nordamerikanisches Flohkraut; Amerikanisches Polei;

Verwendete Teile: die ganze Pflanze;

Primäre medizinische Eigenschaften:
Aromat; Karminativum; Diaphoretikum; Emmenagogum; Sedativum; Stimulans; Expektorans; Febrifugum;

Wirkt auf:
Verdauungssystem; Atmungssystem; Fortpflanzungssystem (das weibliche); Haut;

Innerlich häufig angewendet bei:
Verdauungsstörungen; Übelkeit; Erbrechen; Gicht; Kopfschmerzen; Zahnschmerzen; verspäteter Menstruation; Kolik; Fieber; Blähungen; giftigen Bissen/Stichen; Hauterkrankungen;

Äußerlich häufig angewendet bei:
blauen Flecken; Hauterkrankungen; um Flöhe und ähnliche Ungeziefer zu bekämpfen (besonders das Öl); wunden Stellen im Mund (zum Spülen);

Bemerkungen:
Ein potentiell gefährliches Heilkraut, das nicht im Übermaß eingenommen werden sollte.

Gagel (Myrica cerifera)

Auch genannt:
Amerikanische Myrte; Wachsbeere; Heidemyrte;

Verwendete Teile:
Rinde (besonders die Wurzelrinde); Blätter;

Primäre medizinische Eigenschaften:
Aromat (Blätter); Adstringens; Stimulans; Tonikum; Diaphoretikum; Emetikum (in großen Mengen); Rubefaziens; Wundheilmittel;

Wirkt auf:
Drüsensystem; Atmungssystem; Verdauungssystem;

Innerlich häufig angewendet bei:
Durchfall; Schüttelfrost (mit Cayennepfeffer); Kropf; inneren Blutungen; Vergiftung (narkotischer); Gelbsucht; Leukorrhöe; Halsentzündung (zum Gurgeln);

Äußerlich häufig angewendet bei:
Furunkeln; Gerstenkörnern; Karbunkeln; wunden Stellen; wundem oder blutigem Zahnfleisch;

Bemerkungen:
Ein Heilmittel mit breitem Wirkungsspektrum.

Ginseng (Panax ginseng; Panax quinquefolia)

Auch genannt:
Kraftwurz;

Verwendete Teile:
Wurzel;

Primäre medizinische Eigenschaften:
Vorbeugungsmittel; Restaurativum; Emolliens; Diaphoretikum; Stimulans (mild); Stomachikum; Tonikum; Alterans; Karminativum; Aphrodisiakum;

Wirkt auf:
Urogenitaltrakt; Kreislauf; Verdauungssystem; Nervensystem; Atmungssystem;

Innerlich häufig angewendet bei:
»Morgenübelkeit« (bei Schwangeren); Fieber; Husten; Verdauungsstörungen; Blutarmut; Appetitlosigkeit; Verstopfung; Depressionen; Kopfschmerzen; Schluckauf; Schlaflosigkeit; Rükkenschmerzen; Übelkeit; Rheuma; sexueller Unlust; Energielosigkeit;

Bemerkungen:
Zählt zu den klassischen »Wunderkräutern«, Ginseng von echter, medizinischer Qualität ist aber schwer zu finden; man sagt, daß der beste aus der Mandschurei kommt, dann aus Korea. Viele Chinesen — die den medizinischen Nutzen des Ginsengs entdeckt haben — meinen, daß der ame-

rikanische Ginseng relativ wertlos sei; amerikanische Kräuterkundige halten ihn aber für durchaus effektvoll (wenn auch mit weniger medizinischen Qualitäten ausgestattet als die orientalischen Arten). Ein potentiell gefährliches Heilmittel, das nicht im Übermaß gebraucht werden sollte.

Goldsiegel (Hydrastis canadensis)

Auch genannt:
Gelbwurzel; Blutkrautwurzel;

Verwendete Teile:
Wurzel;

Primäre medizinische Eigenschaften:
Antiperiodikum; Antiseptikum; Alterans; Aperiens; Dekongestans; Deobstruens; Detergens; Diuretikum; Laxativum; Wundheilmittel; Ophtalmikum; Stomachikum; Tonikum;

Wirkt auf:
Verdauungssystem; Leber; Augen; Schleimbeutel; Atmungssystem; Milz; Haut; Gedärme;

Innerlich häufig angewendet bei:
Appetitlosigkeit; verstopfter Nase (Nasenschleimhaut-Anschwellung); Erkältungen und grippalen Infekten; Verstopfung; Darmstörungen; Hämorrhoiden; Verdauungsstörungen; Prostataproblemen; Mandelentzündung; Morgenübelkeit (bei Schwangeren);

Äußerlich häufig angewendet bei:
Ekzemen; Augenproblemen; Mundproblemen (als Mundspülung); Entzündungen; wunden Stellen;

Bemerkungen:
Ein stark wirkendes Heilmittel mit breiten Anwendungsspektrum, das in kleinen Dosierungen verwendet werden sollte.

Große Königskerze (Verbascum thapsiforme)

Auch genannt:
Mullein; Wollkraut; Himmelsbrand;

Verwendete Teile:
Blätter; Blüten; Wurzel;

Primäre medizinische Eigenschaften:
Analgetikum; Antispasmodikum; Adstringens; Emolliens; Diuretikum; pektoral; Wundheilmittel; Sedativum;

Wirkt auf: Atmungssystem;
Gedärme; Haut; Urogenitaltrakt;

Innerlich häufig angewendet bei:
Husten; Erkältungen und grippalen Infekten; Atembeschwerden; Durchfall; Nasenverstopfung (Nasenschleimhaut-Anschwellung); Rheuma; Blutungen in der Lunge; Darmstörungen; Heuschnupfen; Zahnschmerzen;

Äußerlich häufig angewendet bei:
Halsentzündungen (zum Gurgeln);

wunden Stellen/Wunden; Warzen (die zerstoßenen, frischen Blätter); Zahnschmerzen (als Mundspülung); Mumps; Mandelentzündung; Drüsenschwellungen.

Heidelbeere
(Vaccinum myrtillus)

Auch genannt:
Blaubeere, Schwarzbeere; Bickbeere;

Verwendete Teile:
Früchte; Blätter;

Primäre medizinische Eigenschaften:
Adstringens (stark);

Wirkt auf:
Milz (Früchte); innere Sekretionssysteme (Früchte); Lymphsystem;

Innerlich häufig angewendet bei:
Durchfall (Blätter).

Heilziest
(Betonica officinalis)

Auch genannt:
Betonie; Ziest; Zehrkraut;

Verwendete Teile: Blätter;

Primäre medizinische Eigenschaften:
Aperiens; nerval; Stomachikum; Tonikum; Deobstruens; Karminativum;

Wirkt auf:
Gedärme; Leber; Milz; Verdauungssystem;

Innerlich häufig angewendet bei:
Neuralgien; »Kater« (und anderen Alkohol-Nachwirkungen); Magenbeschwerden; Verdauungsstörungen; Funktionsstörungen der Leber/Milz; Erkältungen und grippalen Infekten; Würmern/inneren Parasiten; inneren Krämpfen; Arthritis/Gicht; giftigen Schlangenbissen; Kopfschmerzen; Reizbarkeit; Gelbsucht; Schmerzen im Gesichts-/Kopfbereich; als Chinin-Ersatz (Alternative); Sodbrennen; Koliken; Delirium/Geistesgestörtheit.

Helmkraut
(Scutellaria lateriflora)

Auch genannt:
Blaues Schildkraut; Sturmhut;

Verwendete Teile:
die ganze Pflanze;

Primäre medizinische Eigenschaften:
Antispasmodikum; Diuretikum; nerval; Tonikum;

Wirkt auf: Nervensystem;

Innerlich häufig angewendet bei:
Arthritis/Rheuma; Kopfschmerzen (nervöse); Neuralgien; Schlaflosigkeit; Nervosität; als Chinin-Ersatz; Epilepsie; Tier-/Insekten- und/oder Schlangenbissen;

Bemerkungen:
Ein potentiell gefährliches Heilkraut,

das nicht im Übermaß eingenommen werden darf.

Himbeere (Rubus idaeus)

Auch genannt:
rote Himbeere;

Verwendete Teile:
Blätter; Früchte; (Rinde der) Wurzel;

Primäre medizinische Eigenschaften:
Adstringens; Alkalinum (Früchte); Alterans; Antiemetikum; Laxativum (Früchte); Purgans; Stimulans; Stomachikum; Tonikum; Nutriment (Früchte);

Wirkt auf:
Verdauungssystem; Urogenitaltrakt; Gedärme; Gallenblase; Leber; Fortpflanzungsorgane (besonders die weiblichen);

Innerlich häufig angewendet bei:
Durchfall (besonders bei Kindern); Übelkeit; Erbrechen; schweren/schmerzvollen Geburten; um den Menstruationsfluß zu hemmen; Halsentzündungen;

Äußerlich häufig angewendet bei:
blutenden Schnittwunden/Wunden (zur Spülung).

Holunder (Sambucus nigra)

Auch genannt:
Holunderbeere; Schwarzer Holunder; Flieder; Holderbusch;

Verwendete Teile:
Rinde; Blätter; Blüten; Beeren;

Primäre medizinische Eigenschaften:
Kathartikum (Rinde und in Mengen der Saft der Beeren); Antisyphilitikum; Emetikum (Rinde); Alterans; Diskutiens; Diuretikum; Diaphoretikum; Emolliens; Exanthematikum; Rubefaziens; Aperiens;

Wirkt auf:
Verdauungssystem; Gedärme; Urogenitaltrakt; Leber;

Innerlich häufig angewendet bei:
Verstopfung; Erkrankungen des Harntrakts; Epilepsie; Durchfall; Erkältungen; grippalen Infekten; Lebererkrankungen; Geschlechtskrankheiten;

Äußerlich häufig angewendet bei:
Verbrennungen und Verbrühungen; Hautproblemen; Tumoren; Schwellungen.

Hopfen (Humulus lupulus)

Auch genannt:
Zaunhopfen;

Verwendete Teile:
Blüten;

Primäre medizinische Eigenschaften:
Analgetikum; Anthelminthikum; Diuretikum; Febrifugum; hypnotisch; nerval; Sedativum; Stomachikum; Tonikum; pektoral (?);

Wirkt auf:
Leber; Nervensystem; Verdauungssystem;

Innerlich häufig angewendet bei:
Erkrankungen des Brustkorbbereichs und im Hals; Ohrenschmerzen; Zahnschmerzen; Verdauungsstörungen; nervösen Störungen; Schmerzen; Neuralgien;

Äußerlich häufig angewendet bei:
Entzündungen; Furunkeln; Tumoren; Hautreizungen.

Huflattich
(Tussilago farfara)

Auch genannt:
Brustlattich; Hundsblume; Kuhblume; Märzbecher; Feldlattich; Hufblatt;

Verwendete Teile:
Blätter; Blumen; Wurzel;

Primäre medizinische Eigenschaften:
Emolliens; Mucilaginosum; Expektorans; pektoral; Diaphoretikum; Tonikum; Febrifugum (?);

Wirkt auf:
Atmungssystem; Stirnhöhlen;

Innerlich häufig angewendet bei:
Asthma; Bronchitis; Husten; Fieber; verstopfter Nase (Schleimhautanschwellungen); Hämorrhoiden; Stirnhöhlenentzündung; als ungefährlicher Tabakersatz;

Äußerlich häufig angewendet bei:
skrofulösen Tumoren; Halsentzündungen (?);

Bemerkungen:
Von großer, aber sanfter Wirkung auf das Atmungssystem.

Immergrüne Bärentraube (Arctostaphylos uva ursi)

Auch genannt:
Bärentraube; Wilder Buchs; Moosbeere; Steinbeere;

Verwendete Teile:
Blätter;

Primäre medizinische Eigenschaften:
Adstringens; Diuretikum; Tonikum;

Wirkt auf:
Urogenitaltrakt; Milz; Fortpflanzungssystem; Bauchspeicheldrüse; Leber;

Innerlich häufig angewendet bei:
Nierenerkrankungen; Erkrankungen im Urogenitalbereich; Zuckerkrankheit; starkem Menstruationsfluß; Hämorrhoiden; Geschlechtskrankheiten;

Äußerlich häufig angewendet bei: Vaginalentzündung usw. (Vaginaldusche).

Ingwer (Zingiber officinale)

Auch genannt: Ingber;

Verwendete Teile:
Wurzel;

Primäre medizinische Eigenschaften:
Aromat; Karminativum; Würzmittel; Diaphoretikum (wenn er heiß eingenommen wird); verdauungsfördernd; Emmenagogum; Expektorans; scharf würzend; Sialagogum; Stimulans; Stomachikum; Tonikum;

Wirkt auf:
Verdauungssystem; Fortpflanzungstrakt; Atmungssystem;

Innerlich häufig angewendet bei:
verspäteter Menstruation; Husten; Erkältungen und grippalen Infekten; Verdauungsstörungen; zur Appetitanregung; Darmgasen/Blähungen; Rückenschmerzen; vielen Lungenerkrankungen; Ruhr; Durchfall; Bronchitis; »Kater«-Beschwerden; zur besseren Durchblutung; Übelkeit; Kopfschmerzen; zur sexuellen Anregung und »Harmonisierung«; als Vorbeugungsmittel;

Bemerkungen:
Im Orient eines der beliebtesten Kräu-

ter, Thakkur nennt es das »Heilmittel der Welt« — eines der wertvollsten Kräuter, die die Natur zu bieten hat. Es gehört zu der kleinen Handvoll Heilkräutern, deren Anwendung man auf jeden Fall beherrschen sollte.

Johanniskraut
(Hypericum perforatum)

Auch genannt:
Hartheu; Herrgotts-Wundkraut;

Verwendete Teile:
blühende Spitzen; Samen;

Primäre medizinische Eigenschaften:
Aromat; Adstringens; Diuretikum; nerval; Resolvens; Sedativum; Wundheilmittel; Alterans;

Wirkt auf:
Fortpflanzungssystem (besonders das weibliche); Blut; Kreislauf; Urogenitaltrakt; Gedärme; Nervensystem;

Innerlich häufig angewendet bei:
zur »Blutreinigung«; Tumoren; Furunkeln/Gerstenkörnern/Karbunkeln; Erkrankungen der Harnwege; Eiter im Urin; Nervosität; Bettnässen; Durchfall; Schlangenbiß;

Äußerlich häufig angewendet bei:
blauen Flecken (besonders in Form einer Salbe); verhärteten Brüsten (als Salbe); Kratzwunden; Bissen und Stichen; Hautreizungen.

Kalmus (Acorus calamus)

Auch genannt:
Magenwurz; deutscher Zitwer;

Verwendete Teile:
Wurzel;

Primäre medizinische Eigenschaften:
Karminativum; Aromat; Tonikum; Wundheilmittel; Febrifugum; Stomachikum; Alkalinum;

Wirkt auf:
Verdauungssystem;

Innerlich häufig angewendet bei:
Verdauungsstörungen, Darmgasen, Blähungen; zur Appetitanregung; Fieber;

Bemerkungen:
Ein potentiell gefährliches Heilkraut, das nicht im Übermaß eingenommen werden sollte.

Kamille (Anthemis nobilis)

Auch genannt:
Römische Kamille;

Verwendete Teile:
Blüten; oberer Pflanzenteil;

Primäre medizinische Eigenschaften:
Analgetikum; Stimulans; Stomachikum; Antispasmodikum; Karminativum; Tonikum; Wundheilmittel; Sedativum; Relaxans; Aromat; bitter;

Wirkt auf:
Urogenitaltrakt; Milz; Verdauungssystem; Nervensystem; Atmungssystem;

Innerlich häufig angewendet bei:
Bronchitis; Kolik; Gallensteinen; Ohrenschmrzen; Nervosität; Menstruationskrämpfen; Verdauungsstörungen; Alpträumen; Ohrenklingen (ständig); angeschwollenen Drüsen; Erkältungen und grippalen Infekten;

Äußerlich häufig angewendet bei:
als Haarspülung (macht sie leuchtend); Verletzungen/Wunden (als Umschlag); als Augenbad;

Bemerkungen:
Ein wohlschmeckendes Heilkraut, das sich ausgezeichnet als Getränk eignet; medizinisch schwer zu mißbrauchen — wirkt sachte, aber breit.

Klette
(Arctium lappa)

Auch genannt:
Lappa major; Große Klette;

Verwendete Teile:
Wurzel; Samen; Blätter;

Primäre medizinische Eigenschaften:
Diaphoretikum; Diuretikum; Alterans; Aperiens; Depurativum; depilatorisch (Wurzeln); Febrifugum; Wundheilmittel; Antisyphilitikum;

Wirkt auf:
Lymphsystem; Nieren; Leber; Blut (Wurzeln); Haut; Urogenitaltrakt;

Innerlich häufig angewendet bei:
Gicht; Rheuma; (bösartigen) Krebsgeschwüren; Syphilis; Ischias; Gonorrhöe; Verdauungsstörungen; Hautkrankheiten; Haarausfall;

Äußerlich häufig angewendet bei:
Verbrennungen; Schwellungen; Hämorrhoiden; Wunden/Verletzungen; wunden Stellen/Ausschlägen;

Bemerkungen:
Ein nützliches Heilmittel mit breitem Anwendungsspektrum und vielen gesundheitsfördernden Inhaltsstoffen.

Knoblauch (Allium sativum)

Auch genannt:
Knofl;

Verwendete Teile:
Zwiebel;

Primäre medizinische Eigenschaften:
Anthelminthikum; Antiseptikum (tragen Sie ihn nie direkt auf die Haut auf); Aphrodisiakum; Karminativum; verdauungsfördernd; Diuretikum; Expektorans; Stimulans; Stomachikum; schweißtreibendes Mittel; Tonikum;

Wirkt auf:
im Grunde alle körperlichen Systeme

(und im besonderen auf Milz, Bauchspeicheldrüse, Magen und Nieren);

Innerlich häufig angewendet bei:
Husten; Erkältungen und grippalen Infekten; schwachem Appetit; Lebensmittelvergiftungen; Infektionen; Stirnhöhlenentzündungen; Atembeschwerden aller Art; Erkrankungen im Urogenitalbereich; als männliches Aphrodisiakum; niedrigem oder hohem Blutdruck; Leber- und Gallenblasenbeschwerden; Darmgasen/Blähungen; Beschwerden mit der Menstruation bzw. in den Wechseljahren; Verdauungsstörungen; Ruhr und ähnlichen ernsthaften Darmerkrankungen; Cholera; als Stärkungsmittel; Hautproblemen; Geschlechtskrankheiten; Verstopfung; Depressionen; Herzbeschwerden verschiedener Art; als Vorbeugungsmittel;

Äußerlich häufig angewendet bei:
Wunden (niemals auf offene Wunden oder die Haut bringen!); Hämorrhoiden (als Zäpfchen zu benutzen); äußerlichen Parasiten (in einem Säckchen um den Hals tragen); Hautproblemen (als Umschlag anbringen — nicht in direktem Kontakt mit der Haut);

Bemerkungen:
Wahrscheinlich das »wirksamste«, am leichtesten verfügbare und populärste

aller Kräuterheilmittel; sollte jedoch fast immer in Maßen verwendet werden, und »heißblütige«, leicht aufbrausende Charaktere sollten ganz darauf verzichten; dies gilt auch für den Fall, daß Sie eine spirituelle Phase durchmachen, die eine zurückhaltende Lebensweise, Meditation usw. verlangt.

Kreosotstrauch (Larrea mexicana)

Auch genannt: Chaparral;

Verwendete Teile:
die ganze Pflanze;

Primäre medizinische Eigenschaften:
Antisyphilitikum; Antiseptikum; Laxativum; Alterans;

Wirkt auf:
Blut; Kreislauf; Leber; Urogenitaltrakt; Haut;

Innerlich häufig angewendet bei:
Krebs; Geschlechtskrankheiten; Arthritis/Rheuma; zur Blutreinigung; LSD-Überdosis; als Einlauf;

Äußerlich häufig angewendet bei:
wunden Stellen/Furunkeln/Geschwüren (zum Baden, Spülen);

Bemerkungen:
Häufig während Fastenkuren als »Reiniger« benutzt; weil das Heilkraut un-

angenehm im Geschmack und Geruch ist, kann man es — obwohl weniger empfehlenswert — auch in Form von Tabletten/Kapseln einnehmen.

Kubebe
(Beeren)
(Piper cubeba)

Auch genannt:
Kubebenpfeffer; Javanischer Kubebenpfeffer; Schwindelkörner;

Verwendete Teile:
Beeren;

Primäre medizinische Eigenschaften:
Aromat; Stimulans (mild); Expektorans; Stomachikum; Karminativum; Diuretikum; Laxativum; Antisyphilitikum; Purgans;

Wirkt auf:
Urogenitaltrakt; Verdauungssystem; Atmungssystem; Gedärme;

Innerlich häufig angewendet bei:
Erkrankungen des Harnapparates; Bronchitis; Geschlechtskrankheiten; Darmgasen/Blähungen; Koliken; Husten; Verstopfung.

Lakritz
(Glycyrrhiza glabra)

Auch genannt:
Lakritzenwurzel; Süßholz;

Verwendete Teile:
getrocknete Wurzel; Zweige; Blüten;

Primäre medizinische Eigenschaften:
Emolliens; Expektorans; Laxativum; Febrifugum; Stomachikum; Tonikum; Alterans; Analgetikum; Geschmacksstoff;

Wirkt auf:
Verdauungssystem; Atmungssystem; Leber; Milz;

Innerlich häufig angewendet bei:
Verdauungsbeschwerden; Husten; Energielosigkeit; Schmerzen; Fieber; Durst (wirkt abkühlend); Hals/Stimme; regt die Brustmilchbildung an;

Äußerlich häufig angewendet bei:
Verbrennungen; Furunkeln; wunden Stellen (vieler Art, wenn es, mit Honig vermischt, als Salbe aufgetragen wird);

Bemerkungen:
Im Fernen Osten eines der am meisten verbreiteten / gebräuchlichsten medizinischen Kräuter; wegen seines süßlichen Geschmacks wird es oft anderen Kräutermitteln beigemischt.

Lobelie (Lobelia inflata)

Verwendete Teile:
Samen; die ganze Pflanze;

Primäre medizinische Eigenschaften:
Antispasmodikum; Diuretikum; Emetikum; Expektorans; nerval; Relaxans

(in großen Dosierungen); Stimulans (in kleiner Dosierung); Diaphoretikum; Sedativum; pektoral; Febrifugum;

Wirkt auf:
Atmungssystem; Verdauungssystem;

Innerlich häufig angewendet bei:
Atembeschwerden; Erbrechen; Herzklopfen;

Äußerlich häufig angewendet bei:
Rippenfellentzündung; Lungenentzündung; Furunkeln; Schwellungen; blauen Flecken;

Bemerkungen:
Es sollte immer mit einem Stimulans, wie z. B. Cayennepfeffer, zusammen verwendet werden; ein umstrittenes, hochwirksames Heilkraut, das an die Kategorie »potentiell gefährlich« grenzt — es sollte mit Vorsicht angewendet werden, hat aber viele therapeutische Vorzüge.

Löwenzahn
(Taraxacum officinale; Leontodon taraxacum)

Auch genannt:
Kuhblume; Kettenblume; Butterblume; Pusteblume;

Verwendete Teile:
Wurzel; Blätter;

Primäre medizinische Eigenschaften:
Nutriment (Blätter); Aperiens; Depura-

tivum; Diuretikum; hepatisch; Stimulans; Stomachikum; Tonikum;

Wirkt auf:
Verdauungssystem; Urogenitaltrakt; Drüsensystem; Milz; Bauchspeicheldrüse; Leber; Herz;

Innerlich häufig angewendet bei:
Blutarmut; schwachem Appetit; Darmentzündung; Kreislaufstörungen; Ödemen; Ekzemen; Darmgasen/Blähungen; Zuckerkrankheit; Gallensteinen; Verdauungsstörungen; Fettleibigkeit; Herzleiden;

Bemerkungen:
Eines der »Wunderheilmittel« der Natur.

Luzerne (Medicago sativa)

Auch genannt:
Alf alfa; Halfa; Türkischer Klee; Monatsklee; Burgundisches Gras;

Verwendete Teile:
Blätter;

Primäre medizinische Eigenschaften:
Alkalinum; Diuretikum; Stomachikum; Tonikum; Nutriment;

Wirkt auf:
Zähne; Verdauungssystem; Darm; Urogenitaltrakt;

Innerlich häufig angewendet bei:
peptischen Magengeschwüren; Verdauungsstörungen; Sucht (Alkohol-, Drogen-); Gewichtsproblemen; Wassersucht; Hexenschuß; Prostataproblemen; Erkrankungen im Urogenitalbereich;

Bemerkungen:
Ein gutes Allzweckgetränk (besonders in der Kombination mit Minze) zur allgemeinen Gesunderhaltung.

Minze
(Grüne)
(Mentha spicata oder viridis)

Verwendete Teile:
Blätter; Stiele/Stengel;

Primäre medizinische Eigenschaften:
Antispasmodikum; Aromat; Karminativum; Diaphoretikum; Diuretikum; Stimulans; Stomachikum;

Wirkt auf:
Verdauungssystem; Gedärme; Urogenitaltrakt;

Innerlich häufig angewendet bei:
Darmgasen/Blähungen; Durchfall; Verdauungsstörungen; Schluckauf; Übelkeit; Krämpfen; Harnblasensteinen; Entzündungen im Urogenitalbereich; Erbrechen (besonders während der Schwangerschaft);

Äußerlich häufig angewendet bei:
Hämorrhoiden;

Bemerkungen:
Ein nützliches Heilmittel, das *niemals gekocht werden sollte.*

Myrrhe (Balsamodendron myrrha)

Auch genannt: Gemeine Myrrhe;

Verwendete Teile:
getrocknetes, pulverisiertes Harz (Resinat);

Primäre medizinische Eigenschaften:
Alterans; Antiseptikum; Adstringens; Karminativum; Expektorans; Emmenagogum; Stimulans; Stomachikum; Tonikum; Antispasmodikum; Wundheilmittel; pektoral;

Wirkt auf:
Atmungssystem; Fortpflanzungssystem (besonders das weibliche); Schleimbeutel; Prostata; Herz; Verdauungssystem;

Innerlich häufig angewendet bei:
Rheuma; Gicht; Geschwüren; Hämorrhoiden; Husten; Erkältungen und grippalen Infekten; Atembeschwerden; verspäteter Menstruation; Leukorrhöe;

Äußerlich häufig angewendet bei:
Zahnfleischproblemen (z. B. Vereiterung — die Zähne mit Myrrhe putzen); Entzündungen/Geschwüren im Hals (zum Gurgeln); Hämorrhoiden;

Bemerkungen:
Ein jahrhundertealtes, wertvolles Heilmittel, das viele Anwendungsmöglichkeiten hat.

Pfefferminze
(Mentha piperita)

Auch genannt:
Mutterkraut; Katzenkraut;

Verwendete Teile:
Blätter; blühende Spitzen;

Primäre medizinische Eigenschaften:
Aromat; Adstringens; Antispasmodikum; Antiseptikum; Karminativum; schweißtreibendes Mittel; Stimulans; Stomachikum; Alterans (?);

Wirkt auf:
Magen-Darm-Trakt; Gedärme; Atmungssystem; Herz; Kreislauf;

Innerlich häufig angewendet bei:
Darmgasen/Blähungen; Verdauungsstörungen; Übelkeit; Kolik; Durchfall; Fieber; Herzklopfen; Erkältungen und grippalen Infekten; Erkrankung von Nase und Hals; Schwindelgefühlen;

Äußerlich häufig angewendet bei:
Rheuma; Neuralgien;

Bemerkungen:
Ein wichtiges Therapeutikum bei Erkrankungen des Verdauungstrakts; gehört zu den wichtigsten und bedeutendsten Heilkräutern.

Prünelle (Prunella vulgaris)

Auch genannt:
Brünelle; Braunelle;

Verwendete Teile:
die ganze Pflanze; Stengel; Blätter;

Primäre medizinische Eigenschaften:
Adstringens; bitter; Antispasmodikum; Diuretikum; Styptikum; Tonikum; Vermifugum; Wundheilmittel; Refrigerans (?); Alterans; Febrifugum; scharf;

Wirkt auf:
Atmungssystem; Leber; Kreislauf; Gallenblase; Haut;

Innerlich häufig angewendet bei:
Fieber; jeder Art Wunden; Arthritis/Rheuma; inneren Blutungen; inneren Krämpfen; Funktionsstörungen der Leber; äußerl. Blutungen; blutenden Geschwüren (?); Würmern/Parasiten;

Äußerlich häufig angewendet bei:
Halsentzündungen/wunden Stellen im Mund (zum Gurgeln); Leukorrhöe (als Vaginaldusche); blutenden Wunden, wunden Stellen (als Spülung/Umschlag).

Rainfarn (Tanacetum vulgare)

Auch genannt:
Wurmfarn; Donnerfarn; Frauenfarn; Mutterfarn; Milchkraut; Wurmsame;

Verwendete Teile:
die ganze Pflanze; Samen;

Primäre medizinische Eigenschaften:
Aromat; bitter; Diaphoretikum; Emmenagogum; Stimulans; Tonikum; Karminativum (?); Anthelminthikum (?); Vermifugum (Samen);

Wirkt auf:
Verdauungssystem; Gedärme; Fortpflanzungssystem (besonders das weibliche); Kreislauf; Herz; Urogenitaltrakt; Haut;

Innerlich häufig angewendet bei:
Erkältungen und grippalen Infekten; verspäteter Menstruation; Fieber; Anspannung (hohem Blutdruck); Verdauungsstörungen; Nierenproblemen; Herzklopfen; Venenschwäche; Würmern;

Äußerlich häufig angewendet (besonders als heißer Umschlag oder heiße Kompresse) bei:
Tumoren; Schwellungen; Entzündungen; Verbrennungen; Sonnenbrand; blauen Flecken; Augenentzündungen; Zahnschmerzen; Hautflecken; Schmerzen (besonders im unteren Rückenbereich);

Bemerkungen:
Ein hochwirksames, aber potentiell gefährliches Heilmittel; sollte besonders von schwangeren Frauen nicht verwendet werden.

Rose, Hagebutte (Rosa canina)

Auch genannt:
Wildrose; Heckenrose; Hundsrose;

Verwendete Teile:
Frucht (Hagebutte);

Primäre medizinische Eigenschaften:
Nutriment; Adstringens; pektoral; Refrigerans; Sedativum; Ophtalmikum (Rosenwasser);

Wirkt auf:
Verdauungssystem; Atmungssystem; Gedärme;

Innerlich häufig angewendet bei:
Husten; Erkältungen und grippalen Infekten; Durchfall; Nierensteinen (?);

Bemerkungen:
Ein ausgezeichneter Spender für die Vitamine C und P (Bioflavonoide).

Rosmarin (Rosmarinus officinalis)

Auch genannt:
Anthoskraut; Kranzkraut;

Verwendete Teile:
Blätter; Blüten;

Primäre medizinische Eigenschaften:
Antispasmodikum; Aromat; Adstringens; Karminativum; Diaphoretikum; zephalisch; Emmenagogum; nerval; Stimulans; Stomachikum; Tonikum; Ophtalmikum;

Wirkt auf:
Urogenitaltrakt; Verdauungssystem; Fortpflanzungssystem (besonders das weibliche); Nervensystem; Kreislauf;

Innerlich häufig angewendet bei:
Erkältungen und grippalen Infekten; Husten; Nervosität; Kopfschmerzen; Kahlköpfigkeit (Alopezie); Depressionen; Verdauungsstörungen; Kreislaufstörungen; Blutarmut; Menstruationsstörungen;

Äußerlich häufig angewendet bei:
Zahn- und Munderkrankungen (als Mundspülung); schlechtem Mundgeruch (zum Spülen und Gurgeln); Halsentzündungen; Augenproblemen (als Augenbad); als Haarwaschmittel;

Bemerkungen:
Auch ein gebräuchliches Küchenkraut.

Rotklee
(Trifolium pratense)

Auch genannt:
Kopfklee;

Verwendete Teile:
Blüten;

Primäre medizinische Eigenschaften:
Alterans; Antispasmodikum; Depurativum; Stimulans (mild);

Wirkt auf:
Atmungssystem; Verdauungssystem; Nervensystem; Haut;

Innerlich häufig angewendet bei:
Nervosität; Magenverstimmungen; Bronchitis; Husten (besonders Keuchhusten);

Äußerlich häufig angewendet bei:
Wunden; wunden Stellen; Hautgeschwüren.

Salbei
(Salvia officinalis)

Auch genannt:
Gartensalbei; Edelsalbei; echter Salbei;

Verwendete Teile: Blätter;

Primäre medizinische Eigenschaften:
Antiseptikum; Aromat; Antispasmodikum; Karminativum; Diaphoretikum (wenn es heiß eingenommen wird); Expektorans; nerval; Stimulans; Tonikum; Rubefaziens; Vermifugum; Anthelminthikum; Adstringens; Antiemetikum; bitter;

Wirkt auf:
Verdauungssystem; Urogenitaltrakt; Fortpflanzungssystem; Leber; Gallenblase; Gedärme;

Innerlich häufig angewendet bei:
Erkrankungen der Nieren/des Uroge-

nitaltrakts; Leber-/Gallenblasen-Erkrankungen; Darmgasen/Blähungen; Müdigkeit; Nervosität; zur sexuellen Harmonisierung (besonders zur Hemmung eines übermäßigen Sexualtriebes); Fieber (besonders bei sehr hohem Fieber mit Delirium — als Einlauf); Verdauungsstörungen; als Getränk (entweder heiß oder kalt — siehe Bemerkungen);

Äußerlich häufig angewendet bei:
Wunden/Verletzungen (oberflächlichen — mit Tee waschen); Halsentzündungen/wunden Stellen im Mund (zum Gurgeln); Kahlköpfigkeit (Alopezie — als Haarspülung); Schuppen (als Haarspülung);

Bemerkungen:
Ein wesentliches, bedeutendes Heil- und Küchenkraut; *es sollte nicht gekocht werden* (nur in heißem Wasser ziehen lassen).

Sanikel
(Sanicula europaea)

Auch genannt:
Bruchkraut; Heilkraut; Heil aller Welt; Sankt-Lorenz-Kraut; Heildolde;

Verwendete Teile:
Wurzel; Blätter;

Primäre medizinische Eigenschaften:
Alterans; Adstringens; Depurativum; Diskutiens; Expektorans; Wundheilmittel; Antisyphilitikum; Styptikum;

Wirkt auf:
Atmungssystem; Fortpflanzungssystem (besonders das weibliche); Urogenitaltrakt; Verdauungssystem; Haut; Gedärme;

Innerlich häufig angewendet bei:
Geschlechtskrankheiten; Wunden (innerlichen/äußerlichen); Geschwüren/offenen Blutungen; Tumoren; Tuberkulose;

Äußerlich häufig angewendet bei:
Halsentzündungen und wunden Stellen im Mund (zum Gurgeln); Wunden; Tumoren;

Bemerkungen:
Ein hochwirksames Heilmittel zur innerlichen und äußerlichen Anwendung — fast ein »Allheilmittel« (nach Kloss).

Sarsaparille (Smilax officinalis oder Aralia racemosa)

Auch genannt:
Stechwinde; China- oder Pockenwurz;

Verwendete Teile:
Wurzel; Stengel; Pflanze;

Primäre medizinische Eigenschaften:
Alterans; Antisyphilitikum; Emolliens; Diuretikum; Stimulans; Karminativum; schweißtreibendes Mittel (als heißer Tee); Ophtalmikum; Tonikum;

Wirkt auf:
Drüsen/Hormonsystem; Verdauungssystem; Atmungssystem; Haut; Blut; Kreislauf; Urogenitaltrakt; Augen; Leber;

Innerlich häufig angewendet bei:
Nasenverstopfung (Nasenschleimhaut-Anschwellung); Erkältungen und grippalen Infekten; Fieber; Rheuma/Arthritis/Gicht; schwierigen/schmerzhaften Geburten; Hautausschlägen; innerlichen Entzündungen; Ringelflechte (Hautpilz); Darmgasen/Blähungen; als Gegengift (für Yin- oder Yang-Gifte?); Geschlechtskrankheiten; Ekzemen; Herzerkrankungen; zur Verbesserung der Augen / des Augenlichts (?);

Äußerlich häufig angewendet bei:
müden, geröteten Augen (als Augenbad); Geschlechtskrankheiten bei Neugeborenen oder Kleinkindern (als Spülung).

Sassafras
(Sassafras officinale oder Laurus sassafra)

Auch genannt:
Steinbrech; Sassafraslorbeer; Panamaholz; Fenchelholz;

Verwendete Teile:
Rinde oder Wurzel;

Primäre medizinische Eigenschaften:

Alterans; Aromat; Antiseptikum; Diaphoretikum; Diuretikum; Würzmittel; Stimulans; Analgetikum; Febrifugum; Stomachikum; Karminativum;

Wirkt auf:
Blut; Kreislauf; Verdauungssystem; Gedärme; Urogenitaltrakt; Atmungssystem;

Innerlich häufig angewendet bei:
Arthritis/Rheuma; Schmerzen; Darmgasen/Blähungen; Verdauungsstörungen; Koliken; Halsentzündungen; Zahnschmerzen (das Öl); Hauterkrankungen/Ausschlägen;

Äußerlich häufig angewendet bei:
Hauterkrankungen/Ausschlägen; krampfadrigen Geschwüren;

Bemerkungen:
Die Forschung hat bei exzessiver Anwendung an Mäusen eine Verbindung zu gewissen Krebsarten gesehen; es könnte schwierig sein, die Pflanze im Verkauf zu finden — sie wird manchmal als Duftspender zur Auffrischung der Zimmerluft angeboten. Auf jeden Fall sollten Sie diese Pflanze nur in Maßen anwenden.

Sauerampfer (Rumex crispus)

Auch genannt:
Ampfer;

Verwendete Teile:
Wurzel

Primäre medizinische Eigenschaften:
Alterans; Adstringens; Detergens; Depurativum; Diskutiens; Antiseptikum; Vermifugum; Emolliens; Antisyphilitikum;

Wirkt auf:
Haut; Kreislauf;

Innerlich häufig angewendet bei:
Drüsentumoren; Schwellungen; »unreinem« Blut; Juckreiz; wunden Stellen; Krebs; ausschlagartigen Erkrankungen;

Äußerlich häufig angewendet bei:
Tumoren; Schwellungen.

Schachtelhalm (Equisetum arvense oder hiemale)

Auch genannt:
Ackerschachtelhalm; Zinnkraut; Katzenwedel;

Verwendete Teile:
die ganze Pflanze;

Primäre medizinische Eigenschaften:
Antithelmintikum; Adstringens; Depurativum; Diuretikum; Detergens; Sto-

machikum; Dekongestans; Emmenagogum; hepatisch; nerval; pektoral;

Wirkt auf:
Urogenitaltrakt; Blut; Nervensystem;

Innerlich häufig angewendet bei:
vielen Erkrankungen im Urogenitalbereich; Nasenverstopfung (Nasenschleimhautanschwellung); Blutungen; Augenerkrankungen (besonders Augenentzündungen); Kupfervergiftung (?);

Äußerlich häufig angewendet bei:
blutenden Wunden; geschwollenen Augenlidern;

Bemerkungen:
Kann unter gewissen Unständen giftig wirken, besonders bei exzessivem Gebrauch.

Schafgarbe (Achillea millefolium)

Auch genannt:
Garbenkraut; Feldgarbe; Schafrippe;

Verwendete Teile:
die ganze Pflanze;

Primäre medizinische Eigenschaften:
Alterans; Adstringens; Diaphoretikum; Diuretikum; Stimulans; Wundtonikum; Aromat (?); Febrifugum (?);

Wirkt auf:
Kreislauf; Urogenitaltrakt; Fortpflanzungssystem (besonders das weibliche); Milz; Gedärme;

Innerlich angewendet bei:
Erkältungen und grippalen Infekten; Durchfall; Zuckerkrankheit; Fieber; inneren Blutungen/Blutsturz (besonders der Lunge, Gedärme); zu geringer/unterdrückter Urinabsonderung; Masern; Hämorrhoiden; Pocken; Windpocken; Verdauungsstörungen; Erkrankungen der Schleimbeutel; Darmgasen/Blähungen; als Chinin-Ersatz; chronischer Nierenentzündung (Brightsche Krankheit);

Äußerlich häufig angewendet bei:
Verbrennungen (als Spülung); Hämorrhoiden; Menstruations-/Vaginalstörungen (als Vaginaldusche); als Mundwasser; Geschwüren; Wunden.

Sommerlinde
(Tilia platyphyllus)

Auch genannt:
Linde;

Verwendete Teile:
Blüten; Blätter;

Primäre medizinische Eigenschaften:
Expektorans; Diaphoretikum; nerval; Stimulans; Stomachikum;

Wirkt auf:
Verdauungssystem; Atmungssystem; Nervensystem; Schleimbeutel;

Innerlich häufig angewendet bei:
Husten; Verdauungsstörungen; Menstruationsbeschwerden; Hals/Stimme;

Äußerlich häufig angewendet bei:
Furunkeln; Schwellungen; Heiserkeit (zum Gurgeln);

Bemerkungen:
Ist nicht mit dem Zitronenbaum zu verwechseln.

Spitzwegerich (Plantago major oder lanceolata)

Auch genannt:
Wegerich; Großer Wegerich; Wegebreit;

Verwendete Teile:
Blätter; *Wurzel;* Früchte/Samen;

Primäre medizinische Eigenschaften:
Alterans; Antisyphilitikum; Antiseptikum; Adstringens; Diuretikum; Deobstruens; Refrigerans; Styptikum; Wundheilmittel; Mucilaginosum (Samen); Sedativum (Samen);

Wirkt auf:
Urogenitaltrakt; Haut; Fortpflanzungsorgane; Leber;

Innerlich häufig angewendet bei:

Rheuma; abzehrenden Krankheiten; schweren Geburten; zur Fruchtbarkeitssteigerung (besonders um den männlichen Samen zu kräftigen); Nieren-/Blasensteinen; Bettnässen; Durchfall; Erkrankungen im Urogenitalbereich;

Äußerlich häufig angewendet bei:
Hämorrhoiden; Schnittwunden; Kratzern; Verbrennungen; Augenreizungen (als Augenbad); Ekzemen;

Bemerkungen:
Dieses weitverbreitete Unkraut gehört zu den Heilkräutern, die am leichtesten zu finden sind, oft verwendet werden, und es hat ein sehr breites Wirkungsspektrum.

Syrische Seidenpflanze (Asclepia syriaca)

Verwendete Teile:
Wurzel;

Primäre medizinische Eigenschaften:
Alterans; Diuretikum; Emetikum; Purgans; Tonikum; Laxativum;

Wirkt auf:
Gedärme; Urogenitaltrakt; Fortpflanzungssystem (besonders das weibliche); Leber; Gallenblase; Verdauungssystem;

Innerlich häufig angewendet bei:
Gallensteinen; Erkrankungen im Uro-

genitalbereich; Darmstörungen; Asthma; Magenproblemen; Vergiftungen (über den Mund);

Äußerlich häufig angewendet bei:
Tierbissen und -stichen.

Vogelmiere (Stellaria media)

Auch genannt:
Hühnerdarm; Hühnerbiß; Sternmiere; Mäusedarm;

Verwendete Teile:
die ganze Pflanze; Blätter (zerstoßen, als Umschlag);

Primäre medizinische Eigenschaften:
Nutriment; Alterans; Wundheilmittel; Emolliens; Refrigerans; Diskutiens; Adstringens; Mucilaginosum; pectoral; Exanthematikum; Resolvens; Laxativum;

Wirkt auf:
Atmungssystem; Verdauungssystem; Haut; Kreislauf;

Innerlich häufig angewendet bei:
Erkrankungen der Lungen/Bronchien; Heiserkeit; Erkältungen und grippalen Infekten; Blutvergiftung; Verstopfung; Entzündungen;

Äußerlich häufig angewendet bei:
Tumoren; Problemen mit den Hoden; Verbrennungen/Verbrühungen; Haut-

ausschlägen; geröteten Augen; Hämorrhoiden;

Bemerkungen:
Ein »Gartenunkraut« mit vielen wohltuenden Qualitäten; wird oft wie Spinat gegessen; findet innerlich und äußerlich als Heilmittel Anwendung.

Wacholder (Juniperus communis)

Auch genannt:
Machandel; Kranewitt;

Verwendete Teile:
Beeren; Rinde;

Primäre medizinische Eigenschaften:
Karminativum; Diuretikum; Stomachikum;

Wirkt auf:
Adrenalsystem; Urogenitaltrakt; Fortpflanzungssystem (besonders das weibliche); Atmungssystem;

Innerlich häufig angewendet bei:
Störungen im Urogenitalbereich; Koliken; Husten; Erkältungen und grippalen Infekten; Störungen im Verdauungsbereich; Gonorrhöe; Nervosität;

Äußerlich häufig angewendet bei:
Störungen im Vaginalbereich (als Vaginaldusche); Insektenstichen (als Spülung);

Bemerkungen:
Einige Fachleute sind der Meinung; daß man bei Nierenerkrankungen keinen Wacholder zu sich nehmen sollte, während andere ihn als Heilmittel empfehlen, auf jeden Fall sollte man ihn mit Vorsicht verwenden und sich selbst unter Beobachtung halten.

Weißdorn
(Crataegus oxyacantha)

Auch genannt:
Hagedorn; Zweigriffliger Weißdorn; Gemeiner Weißdorn;

Verwendete Teile:
Beeren; Samen; Wurzel;

Primäre medizinische Eigenschaften:
Alterans; Deobstruens; Laxativum; Stomachikum; Stimulans; Nutriment; Herztonikum;

Wirkt auf:
Verdauungssystem; Herz; Kreislauf;

Innerlich häufig angewendet bei:
Durchfall; Hexenschuß; Schwellungen im Genitalbereich; Erbrechen (Wurzel); Übelkeit (Wurzel); Herzproblemen; Verdauungsstörungen;

Bemerkungen:
Es sollte nur unter ärztlicher Aufsicht als Herztonikum verwendet werden.

Weißer Andorn (Marrubium vulgare)

Auch genannt:
Helfkraut; Mutterkraut; Weißer Dorant;

Verwendete Teile:
Blüten; Blätter;

Primäre medizinische Eigenschaften:
Aromat; Anthelminthikum; Diaphoretikum; Diuretikum; Expektorans; hepatisch; Laxativum (in großer Dosierung); pektoral; Stimulans; Tonikum;

Wirkt auf:
Atmungssystem; Fortpflanzungssystem (besonders das weibliche); Milz; Leber;

Innerlich häufig angewendet bei:
Halserkrankungen; Husten; Erkältungen und grippalen Infekten; zur Austreibung der Nachgeburt; fördert den Menstruationsfluß bei plötzlichem Ausbleiben; Atembeschwerden; Wurmbefall (treibt aus).

Wintergrün (Gaultheria procumbens)

Auch genannt:
Immergrün; Singrün;

Verwendete Teile:
die ganze Pflanze;

Primäre medizinische Eigenschaften:
Antiseptikum; Adstringens; Diuretikum; Emetikum; Emmenagogum; Stimulans; Karminativum (?); Styptikum;

Wirkt auf:
Herz; Kreislauf; Verdauungssystem; Urogenitaltrakt; Gedärme; Haut; Geschlechtsorgane;

Innerlich häufig angewendet bei:
Arthritis/Rheuma; Koliken; Darmgasen/Blähungen; Hauterkrankungen; Zuckerkrankheit; Geschlechtskrankheiten (besonders Gonorrhöe); Verdauungsstörungen; Darmverstopfung; Rückenschmerzen;

Äußerlich häufig angewendet bei:
als Liniment verschiedener Art; blutenden Wunden; Tier-/Insektenbissen;

Bemerkungen:
Wintergrün sollte in kleinen Dosierungen eingenommen werden.

Ysop
(Hyssopus officinalis)

Auch genannt:
Essigkraut; Isop;

Verwendete Teile:
die ganze Pflanze;

Primäre medizinische Eigenschaften:
Antiseptikum; Aromat; Aperiens; Anthelminthikum; Karminativum; Diaphoretikum; Expektorans; Febrifugum; Laxativum; Rubefaziens; Stimulans; Tonikum;

Wirkt auf:
Verdauungssystem; Urogenitaltrakt; Milz; Schleimbeutel; Hals; Atmungssystem;

Innerlich häufig angewendet bei:
Husten; Erkältungen; Blutarmut; Atembeschwerden; Epilepsie; Blutdruckstörungen; (Semikolon) Rheuma;

Äußerlich häufig angewendet bei:
Schnittwunden (zur Heilung); Wunden; Insektenbissen und -stichen; Halsentzündung (zum Gurgeln); blauen Flekken (Blätter); Läusen;

Bemerkungen:
Bei Atembeschwerden oft mit Salbei zusammen verwendet (besonders zum Gurgeln, bei Halsentzündungen).

Zauberhasel
(Hamamelis virginica)

Auch genannt:
Virginischer Zauberstrauch; Hamamelis;

Verwendete Teile:
Rinde; Blätter;

Primäre medizinische Eigenschaften:
Adstringens; Febrifugum; Sedativum; Tonikum; Styptikum;

Wirkt auf:
Kreislauf; Gedärme; Fortpflanzungs-

system (besonders das weibliche); Urogenitaltrakt; Leber; Milz;

Innerlich häufig angewendet bei:
starkem Menstruationsfluß; Durchfall; inneren Blutungen/Blutsturz; Gonorrhöe;

Äußerlich häufig angewendet bei:
blauen Flecken; Durchfall (als Einlauf); schmerzhaften Tumoren; Gonorrhöe; Nasenbluten (den Tee die Nase hochschnupfen); Entzündungen; Hämorrhoiden; wunden Stellen; Halsentzündungen (zum Gurgeln).

Zwergpalme
(Serenos serrulata)

Auch genannt:
Palmetto;

Verwendete Teile:
Beeren (frisch oder getrocknet);

Primäre medizinische Eigenschaften:
Antiseptikum; Sedativum;

Wirkt auf:
Atmungssystem; Urogenitaltrakt;

Innerlich häufig angewendet bei:
Atembeschwerden; Erkrankungen im Urogenitalbereich; Husten; Erkältungen und grippalen Infekten; Herzerkrankungen; Halsentzündungen; Erkrankungen des Fortpflanzungstrakts; Zuckerkrankheit.

Teil II — Die medizinischen Eigenschaften der Kräuter

Adstringens: Wirkt kontrahierend; stillt Ausscheidungen; zieht das Gewebe zusammen;

Kräuter die diese Eigenschaft aufweisen:
Gagel; Heidelbeere; Kreosotstrauch; Vogelmiere; Amerikanisches Wanzenkraut; Beinwell; Alant; Schachtelhalm; Große Königskerze; Myrrhe; Brennessel; Pfefferminze; Spitzwegerich; Himbeere; Rose/Hagebutte; Rosmarin; Salbei; Johanniskraut; Sanikel; Prünelle; Immergrüne Bärentraube; Eisenkraut; Wintergrün; Zauberhasel; Schafgarbe; Sauerampfer.

Alkalinum: Neutralisiert überschüssige Magensäure; versetzt den Körper in einen alkalischen Zustand (was generell als gesund gilt);

Kräuter die diese Eigenschaft aufweisen:
Luzerne; Kalmus; Himbeere (Beeren).

Alterans: Reinigt das Blut; führt zur graduellen Besserung des Zustands;

Kräuter die diese Eigenschaft aufweisen:
Klette; Cayennepfeffer; Kreosotstrauch; Vogelmiere; Rotklee; Amerikanisches Wanzenkraut; Holunder; Alant; Ginseng; Goldsiegel; Asiatisches Wassernabelkraut; Weißdorn; Syrische Seidenpflanze; Pfefferminze (?); Spitzwegerich; Himbeere; Johanniskraut; Sanikel; Sarsaparille; Sassafras; Prünelle; Schafgarbe; Sauerampfer; Lakritz; Alraun; Myrrhe; Echinazeawurzel.

Analgetikum schmerzstillendes Mittel;

Kräuter die diese Eigenschaft aufweisen:
Echte Katzenminze; Kamille; Amerikanisches Wanzenkraut; Hopfen; Lakritz; Eibisch; Große Königskerze; Brennessel; Sassafras; Baldrian; Asiatisches Wassernabelkraut.

Anticholeretikum: Kontrolliert/verringert überflüssige Gallenabsonderung;

Kräuter die diese Eigenschaft aufweisen:
Alraun.

Anti-emetikum:

Stillt Erbrechen; lindert Übelkeit;

Kräuter die diese Eigenschaft aufweisen:
Himbeere; Salbei.

Anthelminthikum:

Helminthagogum: Mittel gegen Wurmbefall;

Kräuter die diese Eigenschaft aufweisen:
Blauer Hahnenfuß; Falsches Einhorn; Knoblauch; Hopfen; Weißer Andorn; Schachtelhalm; Ysop; Alraun; Brennessel; Salbei; Rainfarn (?); Eisenkraut.

Antiperiodikum:

Verhindert die Wiederkehr periodisch auftretender Anfälle; Wechselfieber usw.;

Kräuter die diese Eigenschaft aufweisen:
Goldsiegel

Anti-septikum:

Wirkt gegen Fäulnis; keimtötend;

Kräuter die diese Eigenschaft aufweisen:
Aloe; Cayennepfeffer; Kreosotstrauch; Beinwell; Alant; Knoblauch; Goldsiegel; Ysop; Lobelie; Myrrhe; Pfefferminze; Spitzwegerich; Salbei; Sassa-

fras; Beeren der Zwergpalme; Wintergrün; Sauerampfer.

Antispasmodikum: Stillt/lindert/verhindert Krämpfe;

Kräuter die diese Eigenschaft aufweisen:
Katzenminze; Cayennepfeffer; Kamille; Rotklee; Amerikanisches Wanzenkraut; Blauer Hahnenfuß; Bärenklau; Große Königskerze; Myrrhe; Pfefferminze; Rosmarin; Salbei; Helmkraut; Prünelle; Minze; Baldrian; Eisenkraut.

Antisyphilitikum: Wirkt gegen/lindert/hilft bei der Heilung von Geschlechtskrankheiten;

Kräuter die diese Eigenschaft aufweisen:
Klette; Kreosotstrauch; Kubebe; Echinazeawurzel; Holunder; Asiatisches Wassernabelkraut (besonders auf die befallenen Stellen gelegt); Spitzwegerich; Sarsaparille; Sauerampfer.

Aperiens: leichtes Abführmittel (Lebertonikum); reinigt ohne unsanfte Entleerungen;

Kräuter die diese Eigenschaft aufweisen:
Klette; Löwenzahn; Holunder; Goldsiegel; Asiatisches Wassernabelkraut; Ysop; Heilziest.

Aphrodisiakum:

Steigert den Geschlechtstrieb;

Kräuter die diese Eigenschaft aufweisen:
Damianablätter; Knoblauch (besonders bei Männern); Ingwer; Ginseng.

Aromatikum:

Leicht anregend und wohlriechend;

Kräuter die diese Eigenschaft aufweisen:
Aloe; Erzengelwurz; Anis; Gagel (Blätter); Kalmus; Echte Katzenminze; Kamille; Kubebenbeeren; Damianablätter; Alant; Fenchel; Ingwer; Weißer Andorn; Ysop; Flohkraut; Pfefferminze; Rosmarin; Salbei; Johanniskraut; Sassafras; Minze; Rainfarn; Baldrian; Sauerampfer (?).

bitter:

Appetitanregend; mehr eine Eigenschaft — stimuliert den Appetit — als eine eindeutige Geschmacksrichtung;

Kräuter die diese Eigenschaft aufweisen:
Kamille; Damianablätter; Fenchel; Salbei; Prünelle; Rainfarn; Baldrian.

Cholagogum: Kontrolliert/wirkt antreibend bei zu wenig Absonderung von Gallenflüssigkeit;

Kräuter die diese Eigenschaft aufweisen:
Alraun.

Dekongestans: Befreit die Nase/Nasengänge;

Kräuter die diese Eigenschaften aufweisen:
Beinwell; Knoblauch; Ingwer; Goldsiegel; Schachtelhalm; Eisenkraut.

Deobstruens; Spasmolytikum: Wirkt krampflösend/krampflindernd auf die Organe;

Kräuter die diese Eigenschaft aufweisen:
Bockshornklee; Goldsiegel; Weißdorn; Alraun; Spitzwegerich; Eisenkraut; Heilziest.

depilatorisch: Entfernt Behaarung (wenn man es auf die befallenen Stellen bringt);

Kräuter die diese Eigenschaft aufweisen:
Wurzel der Klette.

Depurativum: Reinigt das Körpersystem, indem giftige Abfallprodukte aus dem Körper entfernt werden; blutreinigend;

Kräuter die diese Eigenschaft aufweisen:
Klette; Cayennepfeffer; Rotklee; Löwenzahn; Echinazeawurzel; Bockshornklee; Knoblauch (?); Schachtelhalm; Sanikel; Eisenkraut; Sauerampfer.

Detergens: Reinigt Furunkel, Wunden, Karbunkel

Kräuter die diese Eigenschaft aufweisen:
Goldsiegel; Schachtelhalm; Sauerampfer.

Diaphoretikum: Öffnet die Poren; verbessert/steigert die Transpiration;

Kräuter die diese Eigenschaft aufweisen:
Anis; Gagel; Klette; Echte Katzenminze; Cayennepfeffer; Blauer Hahnenfuß; Amerikanisches Wanzenkraut; Huflattich; Echinazeawurzel; Holunder; Alant; Fenchel; Knoblauch; Ingwer (wenn er heiß eingenommen wird); Ginseng; Weißer Andorn; Ysop; Sommerlinde; Lobelie; Alraun; Flohkraut; Rosmarin; Salbei (wenn es heiß eingenommen wird); Sassafras; Minze; Rainfarn; Eisenkraut; Schafgarbe; Erzengelwurz.

Diskutiens: Löst Tumore auf; »kehrt sie um« und läßt sie nicht reifen;

Kräuter die diese Eigenschaft aufweisen:
Vogelmiere; Holunder; Sanikel; Sauerampfer.

Diuretikum: Fördert die Urinausscheidung; hilft überflüssiges Wasser im Körpersystem abzubauen (Gewicht zu reduzieren).

Kräuter die diese Eigenschaft aufweisen:
Luzerne; Erzengelwurz; Klette; Amerikanisches Wanzenkraut; Blauer Hahnenfuß; Kubebenbeeren; Löwenzahn; Holunder; Alant; Fenchel; Knoblauch; Goldsiegel; Asiatisches Wassernabelkraut; Hopfen; Weißer Andorn; Schachtelhalm; Wacholderbeeren; Lobelie; Eibisch; Bärenklau; Syrische Seidenpflanze; Große Königskerze; Brennessel; Spitzwegerich; Salbei (nicht erwärmt); Johanniskraut; Sarsaparille; Sassafras; Helmkraut; Prünelle; Feldulme; Minze; Immergrüne Bärentraube; Wintergrün; Schafgarbe.

Drastikum: hochwirksames Mittel;

Kräuter die diese Eigenschaft aufweist:
Aloe.

Emetikum: Ruft Erbrechen und Entleerung hervor;

Kräuter die diese Eigenschaft aufweisen:
Gagel (in großen Mengen); Cayennepfeffer (in großen Mengen); Holunder (große Mengen Rinde); Falsches Einhorn (in großen Mengen); Syrische Seidenpflanze; Eisenkraut; Wintergrün.

Emmenagogum: Fördert die Menstruation (leitet sie ein), den Menstruationsfluß;

Kräuter die diese Eigenschaft aufweisen:
Aloe; Erzengelwurz; Echte Katzenminze; Amerikanisches Wanzenkraut (besonders wenn die Mensis nach Unterkühlung ausbleibt); Blauer Hahnenfuß; Alant; Ingwer; Schachtelhalm; Bärenklau; Myrrhe; Flohkraut; Rosmarin; Rainfarn; Eisenkraut; Wintergrün.

Emolliens: Erweicht, beruhigt, lindert Entzündungen; entzündete Gelenke usw.;

Kräuter die diese Eigenschaft aufweisen:
Aloe; Huflattich; Holunder; Eibisch; Große Königskerze; Feldulme.

Exanthematikum: Bewirkt die Heilung der Haut; wirkt bei solchen Hautleiden/Ausschlägen wie Masern, allergischen Ausschlägen;

Kräuter die diese Eigenschaft aufweisen:
Vogelmiere; Holunder.

Expektorans: Beseitigt, »löst« Verschleimungen;

Kräuter die diese Eigenschaft aufweisen:
Amerikanisches Wanzenkraut; Huflattich; Beinwell; Kubebe; Alant; Knoblauch; Ingwer; Weißer Andorn; Ysop; Lakritz; Sommerlinde; Lobelie; Myrrhe; Flohkraut; Salbei; Sanikel; Feldulme; Schafgarbe; Erzengelwurz.

farinadisch: von mehliger, stärkeartiger Qualität

Kräuter die diese Eigenschaft aufweisen:
Bockshornklee.

Febrifugum: fiebersenkend;

Kräuter die diese Eigenschaft aufweisen:
Erzengelwurz; Große Klette; Kalmus; Cayennepfeffer; Huflattich (?) Bockshornklee; Asiatisches Wassernabelkraut; Hopfen; Ysop; Lakritz; Lobelie; Brennessel; Flohkraut; Sassafras; Prünelle; Eisenkraut; Zauberhasel; Schafgarbe.

hepatisch: Wirkt auf die Leber; regt die Absonderung von Galle und Verdauungssäften an und verbessert folglich die Darmtätigkeit;

Kräuter die diese Eigenschaft aufweisen:
Löwenzahn; Weißer Andorn; Schachtelhalm.

hypnotisch: Bewußtseinsverändernd; kann schläfrig machen (einen leichten tranceähnlichen Schlaf herbeiführen); wirkt entspannend;

Kräuter die diese Eigenschaft aufweisen:
Hopfen.

Karminativum: Wirkt gegen Gase im gesamten Verdauungs-/Ausscheidungstrakt; wirkt primär/sekundär auf die Leber;

Kräuter die diese Eigenschaft aufweisen:
Anis; Kalmus; Echte Katzenminze; Kamille; Kubebenbeeren; Fenchel; Bockshornklee; Knoblauch; Ingwer; Ysop; Wacholder; Bärenklau; Minze; Myrrhe; Flohkraut; Pfefferminze; Rosmarin; Salbei; Sarsaparille; Sassafras; Grüne Minze; Rainfarn (?); Baldrian; Wintergrün (?); Heilziest; Erzengelwurz.

Kathartikum: starkes Abführmittel;

Kräuter die diese Eigenschaft aufweisen:
Aloe; Holunder (Rinde oder Beeren in großen Mengen); Fenchel; Alraun.

Laxativum: Reinigt den Darm; regt die Darmtätigkeit an;

Kräuter die diese Eigenschaft aufweisen:
Kreosotstrauch; Vogelmiere; Kubebe; Damianablätter; Goldsiegel; Weißdorn; Weißer Andorn (in großen Mengen); Ysop; Lakritz; Alraun; Syrische Seidenpflanze; Himbeere.

Liniment: Reicht tief in die Muskulatur, Gelenke, durch die Haut;

Kräuter die diese Eigenschaft aufweisen:
Cayennepfeffer; Wintergrün.

Mucilaginosum: Entzündungshemmend; beruhigt entzündete Stellen;

Kräuter die diese Eigenschaft aufweisen:
Cayennepfeffer; Vogelmiere; Beinwell; Bockshornklee; Eibisch; Spitzwegerich (Samen); Feldulme.

Narkotikum: Führt Schlaf, Lethargie und Betäubung herbei; kann im Übermaß zum Koma führen;

Kräuter die diese Eigenschaft aufweisen:
Asiatisches Wassernabelkraut (in großer Menge).

nerval: Beschwichtigt/beruhigt die Nerven, nervöse Reizbarkeit;

Kräuter die diese Eigenschaft aufweisen:
Echte Katzenminze; Amerikanisches Wanzenkraut; Damianablätter; Hopfen; Schachtelhalm; Sommerlinde; Lobelie; Rosmarin; Salbei; Johanniskraut; Helmkraut; Baldrian; Schafgarbe; Heilziest.

Nutriment: Enthält Vitamine, Mineralstoffe und andere wichtige Nährstoffe;

Kräuter die diese Eigenschaft aufweisen:
Luzerne; Cayennepfeffer; Vogelmiere; Beinwell; Löwenzahn (Blätter); Weißdorn (wird oft zu Gelee verarbeitet); Himbeere (Früchte); Hagebutten; Feldulme.

Ophtalmikum: Wirkt auf die Augen (gewöhnlich als Augenbad);

Kräuter die diese Eigenschaft aufweisen:
Goldsiegel; Eibisch; Hagebutten/Rosenwasser; Rosmarin; Sarsaparille.

pektoral: Löst Reaktionen im Brustkorb aus; bringt Erleichterung bei Erkrankungen in dem Bereich;

Kräuter die diese Eigenschaft aufweisen:
Anis; Vogelmiere; Huflattich; Beinwell; Fenchel; Hopfen (?); Weißer Andorn; Schachtelhalm; Lobelie; Eibisch; Große Königskerze; Myrrhe; Brennessel; Rose/Hagebutten.

präventiv: Hilft Krankheiten vorzubeugen;

Kräuter die diese Eigenschaft aufweisen:
Knoblauch; Ingwer; Ginseng.

Purgans: Hochwirksames Abführmittel (löst Darmentleerung aus);

Kräuter die diese Eigenschaft aufweisen:
Kubebenbeeren; Syrische Seidenpflanze; Himbeere.

Refrigerans: Kühlt das Körpersystem; lindert Durst; kühlt entzündete Stellen;

Kräuter die diese Eigenschaft aufweisen:
Echte Katzenminze; Vogelmiere; Fenchel; Spitzwegerich; Rose/Hagebutte; Prünelle (?).

Relaxans: Befreit von Muskelanspannungen und Streß; beruhigt bei Nervosität; entkrampft die Muskulatur;

Kräuter die diese Eigenschaft aufweisen:
Anis; Echte Katzenminze; Kamille; Amerikanisches Wanzenkraut; Lobelie (in großen Mengen).

Resolvens: Entfernt/zersetzt Tumore;

Kräuter die diese Eigenschaft aufweisen:
Vogelmiere; Alraun; Johanniskraut.

Restaurativum: Unterstützt die Heilung/Besserung/den Aufbau bei Personen, die lange Zeit unter einer schwächenden Krankheit gelitten haben;

Kräuter die diese Eigenschaft aufweisen:
Knoblauch; Ingwer; Ginseng.

Rubefaziens: Fördert die Durchblutung; führt zur Hautrötung;

Kräuter die diese Eigenschaft aufweisen:
Gagel; Cayennepfeffer; Holunder; Knoblauch; Ysop; Brennessel; Salbei; Baldrian.

scharf: Beißend; befreit die Atemwege;

Kräuter die diese Eigenschaft aufweisen:
Cayennepfeffer; Knoblauch; Ingwer; Prünelle.

schweißtreibend: Löst starke Transpiration aus;

Kräuter die diese Eigenschaft aufweisen:
Cayennepfeffer; Knoblauch; Ysop; Flohkraut; Pfefferminze; Salbei; Sarsaparille (als heißer Tee); Eisenkraut; Schafgarbe (?).

Sedativum: Beruhigt bei emotionaler Unausgeglichenheit; lindert Nervosität;

Kräuter die diese Eigenschaft aufweisen:
Echte Katzenminze; Kamille; Amerikanisches Wanzenkraut; Damianablätter; Hopfen; Lobelie; Alraun;

Große Königskerze; Flohkraut; Spitzwegerich (Samen); Rose/Hagebutten; Johanniskraut; Beeren der Zwergpalme; Baldrian; Zauberhasel.

Sialagogum: Regt den Speichelfluß an;

Kräuter die diese Eigenschaft aufweisen:
Cayennepfeffer; Falsches Einhorn; Ingwer; Alraun.

Stimulans: Hat eine rasche »energiesierende« Wirkung; verbessert den Appetit, die Lebenseinstellung;

Kräuter die diese Eigenschaft aufweisen:
Erzengelwurz; Anis; Gagel; Echte Katzenminze; Cayennepfeffer; Kamille; Rotklee (leicht); Kubebenbeeren (leicht); Damianablätter; Löwenzahn; Alant; Falsches Einhorn; Fenchel; Knoblauch; Ingwer; Ginseng; Asiatisches Wassernabelkraut; Weißdorn; Weißer Andorn; Ysop; Sommerlinde; Lobelie (in kleinen Mengen); Bärenklau; Myrrhe; Flohkraut; Pfefferminze; Himbeere; Rosmarin; Salbei; Sarsaparille; Sassafras; Minze; Rainfarn; Baldrian; Wintergrün; Schafgarbe.

Stomachikum:

Fördert die Verdauung; regt den Appetit an; hilft bei Magen- /Verdauungsstörungen;

Kräuter die diese Eigenschaft aufweisen:
Luzerne; Aloe; Anis; Kalmus; Cayennepfeffer; Kamille; Kubebenbeeren; Damianablätter; Löwenzahn; Alant; Fenchel; Knoblauch; Ingwer; Ginseng; Goldsiegel; Weißdorn; Hopfen; Schachtelhalm; Wacholderbeeren; Lakritz; Sommerlinde; Myrrhe; Pfefferminze; Himbeere; Rosmarin; Sassafras; Minze; Heilziest.

Styptikum:

Stillt Blutungen (z. B. aus Wunden, Schnittwunden);

Kräuter die diese Eigenschaft aufweisen:
Cayennepfeffer; Beinwell; Brennessel; Spitzwegerich; Sanikel; Prünelle; Wintergrün; Zauberhasel.

Tonikum:

Ein generelles Stärkungsmittel; hilf einem geschwächten Körpersystem bei der Heilung und Besserung; hat eine langsame »energiesierende« Wirkung (oft in Form eines regelmäßigen Getränks eingenommen);

Kräuter die diese Eigenschaft aufweisen:
Luzerne; Erzengelwurz; Anis; Gagel; Kalmus; Echte Katzenminze; Cayennepfeffer; Kamille; Amerikanisches Wanzenkraut (besonders für die Schleimbeutel); Huflattich; Damianablätter; Löwenzahn; Alant; Bockshornklee; Knoblauch; Ingwer; Ginseng; Goldsiegel; Weißdorn (besonders für das Herz); Hopfen; Weißer Andorn; Ysop; Lakritz; Syrische Seidenpflanze; Myrrhe; Brennessel; Himbeere; Rosmarin; Salbei; Sarsaparille; Helmkraut; Prünelle; Rainfarn; Immergrüne Bärentraube; Baldrian; Eisenkraut; Zauberhasel; Heilziest; Schafgarbe; Sauerampfer.

Vermifugum: Tötet Parasiten (besonders äußere; sollte dafür äußerlich, lokal aufgetragen werden);

Kräuter die diese Eigenschaft aufweisen:
Alraun; Prünelle; Rainfarn; Eisenkraut; Sauerampfer.

wehenfördend: Unterstützt Wehen oder löst sie aus;

Kräuter die diese Eigenschaft aufweisen:
Himbeere.

Würzmittel: Mit anderen weniger wohlschmeckenden Kräutern zusammen verwendet, um den Geschmack zu verbessern;

Kräuter die diese Eigenschaft aufweisen:
Anis; Fenchel; Lakritz; Sassafras.

wundheilend: Unterstützt die Abheilung von Wunden, Verletzungen;

Kräuter die diese Eigenschaft aufweisen:
Aloe; Gagel; Klette; Kalmus; Kamille; Vogelmiere; Beinwell; Knoblauch; Goldsiegel; Große Königskerze; Myrrhe; Spitzwegerich; Johanniskraut; Sanikel; Prünelle; Eisenkraut; Schafgarbe (?).

zephalisch: Zur Anwendung bei Krankheiten, Erkrankungen und Leiden am Kopf;

Kräuter die diese Eigenschaft aufweisen:
Rosmarin

Teil III — Traditionelle oder historische Anwendungsgebiete der Kräuter

Arthritische Symptome (Gicht; Rheuma; Gelenkschmerzen usw.): Nützliche Kräuter: Anis; Klette; Cayennepfeffer; Kamille; Amerikanisches Wanzenkraut; Blauer Hahnenfuß; Fenchel; Bockshornklee; Ginseng; Asiatisches Wassernabelkraut; Weißdorn (Hexenschuß); Ysop; Eibisch (?); Große Königskerze; Myrrhe; Brenessel; Flohkraut (besonders Gicht); Pfefferminze (besonders bei Rheuma — äußerlich); Spitzwegerich; Sarsaparille; Sassafras; Helmkraut; Prünelle; Wintergrün; Heilziest.

Augenerkrankungen: Nützliche Kräuter speziell für die äußerliche Anwendung (als Augentropfen, Augenbad usw. — aber auch zur innerlichen Anwendung): Erzengelwurz; Vogelmiere; Fenchel; Goldsiegel; Spitzwegerich; Eibisch; Schachtelhalm; Rosmarin; Sarsaparille; Rainfarn; Kamille.

»Blutreinigung«: Nützliche Kräuter: Gagel; Klette; Cayennepfeffer; Rotklee; Löwenzahn; Echinazeawurzel; Holunder; Bockshornklee; Knoblauch; Ingwer; Ginseng; Goldsiegel (?); Schachtelhalm; Lakritz; Alraun; Spitzwegerich (?); Himbeere (?); Rose (?); Rosmarin (?); Johanniskraut; Sanikel (?); Sarsaparille (?); Sassafras; Prünelle (?); Eisenkraut; Wintergrün (?); Heilziest (?); Sauerampfer.

Blutungen/ innere Blutungen: Nützliche Kräuter: Gagel; Cayennepfeffer (?); Beinwell; Schachtelhalm; Große Königskerze (besonders für die Lunge); Brennessel (besonders im Urogenital-, Fortpflanzungstrakt); Spitzwegerich (?); Sanikel; Prünelle; Zauberhasel; Schafgarbe.

Darmgase, Blähungen: Nützliche Kräuter: Erzengelwurz; Anis; Kalmus; Cayennepfeffer; Kamille; Beinwell (?); Kubebenbeeren; Löwenzahn; Fenchel; Knoblauch; Ingwer; Ginseng; Ysop; Wacholderbeeren; Alraun (?); Bärenklau; Myrrhe; Flohkraut; Pfefferminze; Rosmarin; Salbei; Sarsaparille; Sassafras; Minze; Wintergrün; Heilziest; Schafgarbe.

Darmstörungen: Nützliche Kräuter: Luzerne; Aloe; Anis; Echte Katzenminze (besonders für Einläufe); Cayennepfeffer; Kamille; Vogelmiere; Blauer Hahnenfuß (besonders bei Koliken, sollte jedoch nicht Kindern verabreicht werden);

Beinwell; Kubebenbeeren; Damianablätter; Löwenzahn; Holunder; Fenchel; Bockshornklee; Knoblauch; Ingwer; Ginseng; Goldsiegel; Asiatisches Wassernabelkraut; Lakritz; Alraun; Eibisch; Syrische Seidenpflanze; Große Königskerze; Pfefferminze; Himbeere; Rose; Salbei; Johanniskraut; Sanikel; Sassafras; Feldulme; Minze; Rainfarn; Wintergrün; Zauberhasel; Heilziest.

Durchfall (inkl. Ruhr): Nützliche Kräuter: Gagel; Heidelbeere (Blätter); Kamille (?); Beinwell; Holunder; Knoblauch; Ingwer; Weißdorn; Eibisch; Große Königskerze; Brennessel; Pfefferminze; Spitzwegerich; Himbeere (besonders bei Kindern); Rose; Feldulme; Minze; Zauberhasel; Schafgarbe.

Erkältungen und grippale Infekte: Nützliche Kräuter: Erzengelwurz; Anis; Cayennepfeffer; Kamille; Vogelmiere; Huflattich; Beinwell; Holunder; Alant; Knoblauch; Ingwer; Ginseng; Goldsiegel; Weißer Andorn; Ysop; Wacholderbeeren; Lakritz; Sommerlinde; Lobelie; Alraun; Eibisch; Bärenklau; Große Königskerze; Myrrhe; Brennessel; Pfefferminze; Rose; Rosmarin; Sanikel (?); Sarsaparille; Beeren der Zwergpalme; Feldulme; Rainfarn; Eisenkraut; Heilziest; Schafgarbe.

Erkrankungen der Atemwege und -organe (inkl. Lungen, Nasengänge, Bronchien usw.):	Nützliche Kräuter: Erzengelwurz; Gagel; Cayennepfeffer; Kamille; Vogelmiere; Rotklee; Huflattich; Beinwell; Kubebenbeeren; Alant; Knoblauch; Ingwer; Ginseng; Goldsiegel; Weißer Andorn; Ysop; Wacholderbeeren; Lakritz; Sommerlinde; Lobelie; Eibisch; Bärenklau; Syrische Seidenpflanze; Große Königskerze; Myrrhe; Brennessel (besonders bei Asthma); Flohkraut; Pfefferminze; Rose; Sanikel; Sarsaparille; Sassafras; Zwergpalme; Prünelle; Feldulme; Eisenkraut; Anis.
Erkrankungen im Urogenitalbereich (inkl. Nieren, Harnleiter, Harnblase, Geschlechts-/Fortpflanzungsorgane usw.):	Nützliche Kräuter: Luzerne; Klette; Kamille; Amerikanisches Wanzenkraut; Blauer Hahnenfuß; Beinwell; Kubebenbeeren; Damianablätter; Löwenzahn; Echinazeawurzel; Holunder; Alant; Falsches Einhorn (?); Bockshornklee; Knoblauch; Ingwer; Ginseng; Goldsiegel (besonders bei Prostataproblemen); Asiatisches Wassernabelkraut (?); Schachtelhalm; Ysop; Wacholder; Alraun; Eibisch; Bärenklau; Syrisches Seidenkraut; Große Königskerze; Brennessel; Spitzwegerich; Himbeere; Rosmarin; Salbei; Johanniskraut; Sanikel; Sarsaparille; Sassafras; Beeren der Zwergpalme; Feldulme; Minze; Rainfarn; Immergrüne Bärentraube; Baldrian; Eisenkraut; Wintergrün; Zauberhasel; Schafgarbe.

Fieber: Nützliche Kräuter: Erzengelwurz; Klette; Kalmus; Cayennepfeffer; Huflattich; Alant; Bockshornklee; Ginseng (besonders bei immer wieder auftretendem Fieber sowie bei Malaria); Goldsiegel (?); Asiatisches Wassernabelkraut; Ysop; Lakritz; Lobelie; Brennessel; Flohkraut; Pfefferminze; Salbei; Sarsaparille; Sassafras; Prünelle; Rainfarn; Eisenkraut; Zauberhasel; Schafgarbe.

Gallensteine: Nützliche Kräuter: Kamille; Beinwell (?); Löwenzahn; Knoblauch; Ingwer (?); Alraun (?); Asiatisches Wassernabelkraut; Salbei (?); Prünelle; Heilziest (?).

geschwollene Drüsen: Nützliche Kräuter: Kamille; Löwenzahn; Echinazeawurzel (?); Ginseng (?); Große Königskerze; Sarsaparille; Sauerampfer.

Hämorrhoiden: Nützliche Kräuter (gewöhnlich äußerlich angewendet): Aloe; Klette; Kamille; Vogelmiere; Huflattich; Beinwell; Knoblauch; Goldsiegel; Myrrhe; Brennessel; Spitzwegerich; Minze; Immergrüne Bärentraube; Zauberhasel; Schafgarbe.

Hals, Halsentzündung: Nützliche Kräuter (können innerlich oder als Umschlag, zum Gurgeln usw. verwendet werden): Gagel (zum Gurgeln); Cayennepfeffer (als Umschlag); Vogelmiere; Huflattich; Beinwell; Echinazeawurzel; Bockshornklee; Goldsiegel; Hopfen; Weißer Andorn; Ysop; Lakritz; Sommerlinde; Lobelie (?); Große Königskerze; Myrrhe; Pfefferminze; Himbeere; Rosmarin; Salbei; Sanikel; Sarsaparille (?); Sassafras; Beeren der Zwergpalme; Prünelle; Feldulme.

Hautleiden: Nützliche Kräuter zur äußerlichen Anwendung (besonders als Salbe, Umschlag usw.): Aloe; Vogelmiere; Rotklee; Huflattich; Beinwell; Holunder; Alant (besonders bei Flecken); Bockshornklee; Knoblauch (nicht direkt auf die Haut bringen); Goldsiegel; Hopfen; Ysop; Spitzwegerich; Johanniskraut; Sanikel; Sassafras.

Nützliche Kräuter zur innerlichen Anwendung: Klette; Cayennepfeffer; Beinwell (?); Löwenzahn; Knoblauch; Goldsiegel; Lakritz (?); Große Königskerze; Flohkraut; Spitzwegerich; Sanikel; Sarsaparille; Sassafras; Prünelle; Feldulme; Baldrian; Eisenkraut; Wintergrün; Zauberhasel (?); Schafgarbe; Sauerampfer.

Husten: Nützliche Kräuter: Rotklee; Amerikanisches Wanzenkraut; Blauer Hahnenfuß; Huflattich; Beinwell; Kubebe; Alant; Fenchel; Knoblauch; Ingwer; Ginseng; Weißer Andorn; Ysop; Wacholderbeeren; Lakritz; Sommerlinde; Lobelie; Alraun; Eibisch; Bärenklau (?); Syrische Seidenpflanze; Große Königskerze; Myrrhe; Pfefferminze; Rose; Rosmarin; Sanikel (?); Sarsaparille (?); Sassafras (?); Beeren der Zwergpalme; Feldulme; Eisenkraut (?);

Knochenerkrankungen: Nützliche Kräuter: Beinwell.

Kopfschmerzen: Nützliche Kräuter: Ingwer; Ginseng; Flohkraut; Rosmarin; Helmkraut; Heilziest.

Kreislaufstörungen: Nützliche Kräuter: Gagel; Cayennepfeffer; Vogelmiere; Amerikanisches Wanzenkraut; Löwenzahn; Knoblauch; Ingwer; Ginseng; Weißdorn; Ysop (?); Lakritz; Alraun; Eibisch (?); Myrrhe (bei hohem Cholesterinspiegel); Pfefferminze; Spitzwegerich; Himbeere (?); Rosmarin; Johanniskraut; Sarsaparille; Sassafras; Zwergpalme (?); Prünelle; Rainfarn (?); Eisenkraut; Wintergrün; Zauberhasel; Schafgarbe; Sauerampfer.

Menstruationsstörungen, Beschwerden in den Wechseljahren: Nützliche Kräuter: Aloe; Gagel (Leukorrhöe); Kamille; Amerikanisches Wanzenkraut (besonders bei verspäteter Menstruation infolge Unterkühlung); Blauer Hahnenfuß; Beinwell; Kubebenbeeren (?); Damianablätter (?); Alant (verspätete Menstruation); Knoblauch; Ingwer; Ginseng (?); Weißer Andorn; Schachtelhalm; Wacholderbeeren (verspätete Menstruation); Lakritz (?); Sommerlinde; Bärenklau; Syrische Seidenpflanze (?); Myrrhe; Flohkraut; Spitzwegerich (?); Himbeere; Rosmarin; Johanniskraut; Sanikel (?); Helmkraut; Feldulme; Rainfarn; Immergrüne Bärentraube; Eisenkraut; Wintergrün; Zauberhasel; Schafgarbe (besonders bei zu starken Blutungen).

Nasenschleimhaut-Anschwellung, Schnupfen: Nützliche Kräuter: Gagel; Cayennepfeffer; Huflattich; Beinwell; Knoblauch; Ingwer; Goldsiegel; Schachtelhalm; Lakritz; Eibisch; Große Königskerze; Myrrhe (?); Pfefferminze; Rose (?); Sarsaparille; Sassafras (?); Prünelle (?); Feldulme (?); Eisenkraut (?).

Nervöse Störungen (Nervensystem): Nützliche Kräuter: Anis; Echte Katzenminze; Kamille; Rotklee; Damianablätter; Holunder (besonders bei Epilepsie); Ginseng; Asiatisches Wassernabelkraut; Hopfen; Schachtelhalm; Wacholderbeeren; Sommerlinde; Lobelie; Rosmarin; Salbei; Johanniskraut; Helmkraut; Baldrian; Eisenkraut.

Ohr, Hörbeschwerden: Nützliche Kräuter speziell für die äußerliche Anwendung (als Ohrentropfen): Erzengelwurz.
Speziell für die innerliche Anwendung: Kamille; Hopfen.

Schlaflosigkeit: Nützliche Kräuter: Anis; Echte Katzenminze; Kamille; Damianablätter; Löwenzahn; Hopfen; Lobelie; Pfefferminze; Helmkraut; Beeren der Zwergpalme; Baldrian.

Schmerzen, schmerzhafte Erkrankungen: Nützliche Kräuter: Anis (?); Echte Katzenminze; Kamille; Beinwell (besonders bei empfindlichen Brüsten); Hopfen; Lakritz; Eibisch; Große Königskerze; Brennessel; Sassafras; Baldrian; Heilziest (besonders bei Schmerzen im Gesicht).

Schwäche, »Energielosigkeit«: Nützliche Kräuter: Erzengelwurz; Gagel; Echte Katzenminze; Cayennepfeffer; Kamille; Damianablätter; Löwenzahn; Knoblauch; Ingwer; Ginseng; Asiatisches Wassernabelkraut; Ysop; Lakritz; Rosmarin (?); Salbei; Sarsaparille (?); Minze (?); Anis.

sexuelle Störungen: Nützliche Kräuter: Klette; Kamille (mindert den sexuellen Trieb); Amerikanisches Wanzenkraut; Blauer Hahnenfuß; Beinwell; Kubebenbeeren; Damianablätter (besonders bei mangelndem Geschlechtstrieb); Echinazeawurzel; Holunder; Falsches Einhorn (?); Knoblauch; Ingwer; Ginseng (besonders für Männer); Goldsiegel; Asiatisches Wassernabelkraut; Weißdorn (bei Schwellungen der Geschlechtsorgane); Wacholderbeeren; Alraun; Eibisch; Brennessel; Flohkraut (besonders für Frauen); Spitzwegerich; Rosmarin; Salbei (für sexuelle Ausgeglichenheit); Johanniskraut; Sanikel (?); Sarsaparille (besonders bei Geschlechtskrankheiten); Beeren der Zwergpalme; Rainfarn; Immergrüne Bärentraube; Eisenkraut (?); Wintergrün; Zauberhasel; Schafgarbe.

Streß und Anspannung, emotionelle Spannung:

Nützliche Kräuter: Luzerne Anis; Echte Katzenminze; Kamille; Damianablätter; Ginseng (?); Hopfen; Lobelie; Große Königskerze; Flohkraut; Salbei; Johanniskraut; Helmkraut (?).

Tumore usw.:

Nützliche Kräuter (meist äußerlich angewendet): Aloe (?); Vogelmiere (besonders als Umschlag); Huflattich (besonders bei skrofulösen Tumoren); Beinwell (?); Holunder; Hopfen; Johanniskraut; Sanikel; Feldulme; Rainfarn; Sauerampfer.

Übelkeit:

Nützliche Kräuter: Anis; Fenchel (?); Knoblauch; Ingwer; Ginseng (besonders bei »Morgenübelkeit«); Weißdorn (Wurzel); Lakritz (?); Flohkraut; Pfefferminze; Himbeere; Minze.

Verbrennungen:

Nützliche Kräuter (meist äußerlich angewendet): Aloe; Klette; Vogelmiere; Beinwell; Holunder; Lakritz; Spitzwegerich; Rainfarn; Schafgarbe.

Verdauungs-störungen (inkl. Magen, Leber, Milz, Bauchspeicheldrüse, Dünndarm usw.):	Nützliche Kräuter: Luzerne; Aloe; Anis; Gagel; Klette; Kalmus; Echte Katzenminze; Cayennepfeffer; Kamille; Vogelmiere; Rotklee; Beinwell; Kubebenbeeren; Damianablätter; Löwenzahn; Holunder; Alant; Falsches Einhorn; Fenchel; Bockshornklee; Knoblauch; Ingwer; Ginseng; Goldsiegel; Weißdorn; Hopfen; Wacholderbeeren; Lakritz; Sommerlinde; Lobelie; Alraun; Eibisch; Bärenklau; Syrische Seidenpflanze; Myrrhe; Flohkraut; Pfefferminze; Himbeere; Rose; Rosmarin; Salbei; Sanikel; Sarsaparille; Sassafras; Feldulme; Minze; Rainfarn; Baldrian; Eisenkraut; Wintergrün; Heilziest; Schafgarbe.
Verletzungen:	Nützliche Kräuter speziell zur äußerlichen Anwendung (als Salben, Packungen, Umschläge usw.): Aloe; Klette; Cayennepfeffer; Vogelmiere; Rotklee; Beinwell; Holunder; Knoblauch (nicht in direkten Kontakt mit der Haut bringen); Schachtelhalm; Ysop; Lakritz (?); Eibisch (besonders Verstauchungen und Zerrungen); Große Königskerze; Brennessel; Flohkraut (besonders bei blauen Flecken); Spitzwegerich; Himbeere; Salbei; Johanniskraut; Sanikel; Baldrian; Wintergrün (besonders Verstauchungen, Zerrungen usw.) Nützliche Kräuter speziell zur innerlichen Anwendung: Kalmus; Vogelmiere; Beinwell; Knoblauch; Brennessel;

Spitzwegerich; Salbei (?); Sanikel; Prünelle; Eisenkraut; Zauberhasel; Schafgarbe.

Verspannung: Nützliche Kräuter: Amerikanisches Wanzenkraut; Blauer Hahnenfuß; Löwenzahn (?); Knoblauch; Ginseng (? — in Maßen); Weißdorn (?); Ysop; Lakritze (?); Bärenklau (?); Myrrhe; Johanniskraut (?); Rainfarn.

Verstopfung: Nützliche Kräuter: Aloe; Klette; Echte Katzenminze; Cayennepfeffer; Kamille; Vogelmiere; Kubebenbeeren; Damianablätter; Löwenzahn (als Salat und Tee); Holunder; Bockshornklee (?); Knoblauch; Goldsiegel; Asiatisches Wassernabelkraut; Ysop; Lakritz; Alraun.

Würmer, innere Parasiten: Nützliche Kräuter: Aloe (?); Echte Katzenminze (?); Cayennepfeffer (?); Blauer Hahnenfuß; Falsches Einhorn; Knoblauch; Weißer Andorn; Ysop; Alraun; Brennessel; Salbei; Sarsaparille; Prünelle; Rainfarn; Eisenkraut; Heilziest.

Zahnprobleme: Nützliche Kräuter: Luzerne; Gagel (besonders für das Zahnfleisch); Fenchel (besonders für das Zahnfleisch, wenn ein Baby zahnt); Hopfen; Große Königskerze; Myrrhe; Rosmarin; Sanikel (?); Sassafras; Rainfarn

Index

Die mit einem (*) versehenen Wörter bezeichnen ein Kräuterheilmittel.